WWW.HEALING.Gourmet®.com

COMER BEM
PARA BAIXAR O
COLESTEROL

O poder dos alimentos na proteção de sua saúde

www.HEALING.Gourmet®.com

COMER BEM PARA BAIXAR O COLESTEROL

O poder dos alimentos na proteção de sua saúde

OS EDITORES DE HEALING GOURMET COM

Victoria Rand, M.D.,

Kathy McManus, M.S., RD e Bev Shaffer

2ª Edição

McGraw-Hill

Nova York Chicago São Francisco Lisboa Londres Madri Cidade do México Milão Nova Delhi San Juan Seul Singapura Sidnei Toronto

Celebris

EXPEDIENTE

Editor	Italo Amadio
Editor Assistente	Roberto Fernandes Amadio
Produção Gráfica	Hélio Ramos
Autoria	Victoria Rand, M.D., Kathy McManus, M.S., RD e Bev Shaffer
Tradução	Thais Miremis Sanfelippo da Silva Amadio
Adaptação, Revisão Técnica e Notas	Mara Andreia Valverde
Projeto Gráfico, Diagramação e Capa	Primo Eugenio Rossi
Revisão	Sandra Garcia Cortés e Adriana Barbieri de Oliveira
Foto de Capa	Equipe Rideel

Dados Internacionais de Catalogação na Publicação (CIP)
(Câmara Brasileira do Livro, SP, Brasil)

Rand, Victoria
Comer bem para baixar o colesterol : o poder dos alimentos na proteção de sua saúde / os editores de Healing Gourmet com Victoria Rand, Kathy McManaus e Bev Shaffer ; [tradução Thais Miremis Sanfelipo da Silva Amadio]. — 2. ed. — São Paulo : Celebris, 2008.

Título original: Eat to lower cholesteroal
ISBN 978-85-89219-78-5

1. Colesterol - Dietas - Receitas 2. Dietética 3. Hábitos alimentares 4. Saúde - Promoção I. McManus, Kathy. II. Shaffer, Bev. III. Título.

06-7085 CDD-613.284

Índices para catálogo sistemático:

1. Colesterol : Diminuição : Dietas : Nutrição aplicada : Promoção da saúde 613.284

EDITORA RIDEEL

Av. Casa Verde, 455 – Casa Verde
CEP 02519-000 – São Paulo – SP
www.rideel.com.br — e-mail: sac@rideel.com.br

1 3 5 7 9 0 8 6 4 2
0 8 0 8

Celebris

www.celebris.com.br
e-mail: sac@celebris.com.br

Este livro é dedicado àqueles que
têm colesterol alto ou que possuem
doenças cardíacas.

CONTEÚDO

AGRADECIMENTOS

Este livro chega até você com a assistência e o conhecimento de médicos especialistas em culinária e nutrição de todo o país, assim como o trabalho dedicado de incontáveis cientistas por todo o mundo que nos ajudaram a traduzir as "receitas pesquisadas" em nossa missão de informar sobre a ligação entre a dieta e a doença. A *Healing Gourmet* gostaria de agradecer às seguintes pessoas pela sua contribuição.

Os agradecimentos especiais vão para nossa editora Natasha Graf, pela sua atenção para com os detalhes e por funcionar como catalisadora para muitos dos conceitos apresentados neste livro, e à nossa editora de projeto, Nacy Hall, pelo seu excelente trabalho na edição final do manuscrito.

Nossos editores médicos, de nutrição e de culinária: obrigado à Drª Victoria Rand pela sua pesquisa e orientação perfeitas; a Khaty McManus por seu trabalho rápido e meticuloso, na análise das receitas, planejamento das refeições e pesquisa nutricional; e a Bev Shaffer pela sua experiência culinária em assegurar às nossas receitas tanto sabor quanto a saúde que elas proporcionam. Um agradecimento especial ao Chef Paul Jones por fazer os testes, na cozinha, da *Healing Gourmet*.

Nosso editor: obrigado à McGraw-Hill pelo seu comprometimento em proporcionar a alta qualidade das informações para o público, incluindo muitos dos compêndios educacionais que estimularam o desenvolvimento desta companhia.

Nossos parceiros: obrigado a essas magníficas instituições que nos forneceram esses editores, incluindo a *Harvard Medical School*, *Brigham* e *Women's Hospital*, Universidade da Califórnia em São Francisco, e a *Cleveland Clinic Foundation*.

Nossos associados e familiares pelo seu apoio contínuo ao projeto da *Healing Gourmet*.

INTRODUÇÃO

A Healing Gourmet começou com a missão de informar as pessoas sobre a ligação entre a dieta e a doença. Como parte de uma série, este livro pretende fornecer informações úteis sobre como alimentar-se para combater o colesterol alto através de princípios nutricionais sadios. Nós trazemos a "clínica" juntamente com a "cozinha" para ajudá-lo a, deliciosamente, construir grande parte da sua saúde através das descobertas mais recentes. De maneira simples, a *Healing Gourmet* traduz "receitas pesquisadas," tornando sua cozinha uma fonte de cura.

Neste livro nós o ajudaremos a compreender os princípios básicos do colesterol e como sua dieta pode ajudá-lo a administrar a sua condição e prevenir complicações. Os Capítulos 1 e 2 abordam como o colesterol afeta as doenças cardíacas, o que significam os números, os fatores que contribuem para os níveis de colesterol, e as mudanças no estilo de vida para ajudá-lo a ter o controle. Nos Capítulos 3 e 4, mostraremos a você a trapaça das gorduras e a verdade sobre os carboidratos; iremos apresentá-lo ao seu arsenal de fitonutrientes e antioxidantes que reduzem o colesterol. Nos Capítulos 5 e 6, você encontrará as comidas deliciosas e as ervas e condimentos onde estão esses nutrientes.

Certamente, nós o ajudaremos a caçar os produtos mais saudáveis do supermercado no Capítulo 7, a planejar as comidas saudáveis para o coração no Capítulo 8 e daremos a você cinqüenta grandes receitas para começar, no Capítulo 9. Não se esqueça de visitar nosso website, healinggourmet.com, para consultar as pesquisas mais recentes e mais receitas saudáveis para o coração!

Aviso Importante: as informações deste livro não podem substituir a orientação do seu médico ou equipe de cardiologistas. Consulte sempre o seu médico ou nutricionista antes de fazer quaisquer mudanças na dieta.

CARTA DO EDITOR

Pode algo tão delicioso quanto um *Pargo Assado do Mediterrâneo* (Peixe Assado do Mediterrâneo) ajudar a baixar o colesterol e a conter as doenças cardíacas? Esta é somente uma das questões que nós começamos a responder há aproximadamente cinco anos, com a criação de nossa companhia. Dedicada unicamente a ajudar o público a fazer escolhas melhores sobre alimentos para comer a fim de prevenir doenças, a *Healing Gourmet* traz para você soluções práticas, sadias e evidências científicas para ajudá-lo a ter o controle de sua saúde.

Nossa receita para a saúde é simples. Primeiro, nós tomamos dados de pesquisa tipo "luta contra as doenças", a partir da *National Library of Medicine* sobre nossos alimentos favoritos, componentes dos alimentos e seus efeitos sobre as doenças. Exatamente neste momento, os cientistas estão trabalhando duro, analisando os nutrientes nos alimentos e seus efeitos benéficos sobre o açúcar no sangue, a sua capacidade de redução do colesterol e a sua ação redutora do colesterol. Outros pesquisadores estão se aprofundando nos dados de estudos sobre a população, para nos dar pistas sobre o porquê de as taxas de doenças serem mais baixas em outros países onde as dietas diferem grandemente daquelas usadas nos Estados Unidos. Ao mesmo tempo, essa pesquisa na "nova fronteira nutricional" atua como a fundação – o primeiro ingrediente – de uma mistura redutora do colesterol. Para nos ajudar nessa investigação, fomos extremamente afortunados em ter a assistência da Doutora Victoria Rand, que é professora assistente clínica de medicina no Departamento de Medicina da Universidade da Califórnia em São Francisco e certificada em medicina interna, com treinamento em acupuntura, medicina das ervas e outras terapias complementares. O próximo passo em nossa receita para a saúde é incorporar essas descobertas científicas à sofisticação culinária para criar receitas que dão água na boca e planos de refeições fáceis de usar que ajudarão você a fazer grande parte das mais recentes descobertas nutricionais. Para essa tarefa, também fomos afortunados em ter a experiência e a análise nutricional de Kathy McManus, M.S., RD – diretora de nutrição no *Brigham and Women's Hospital* –, e a experiência culinária da Chef Bev Shaffer, diretora de culinária do Programa *Cooking with your Heart* em associação à *Cleveland Clinic Foundation*.

Não esqueça de nos visitar na Web no endereço healinggourmet.com e procure-nos na televisão nesta estréia de outono no *Healthy Living Channel*. Aproveite estes livros com boa saúde e *coma o seu remédio!*

KELLEY LUNSFORD
Editora-Chefe, Presidente e Diretora Executiva

APRESENTAÇÃO

Quanto mais alto o seu nível de colesterol, maior o seu risco de desenvolver doenças do coração e de sofrer infarto do miocárdio. Reduzir os níveis de colesterol é muito importante, já que as doenças cardíacas são a principal causa de morte em homens e mulheres no mundo ocidental.

Todas as pessoas com mais de 20 anos de idade devem ter o seu colesterol medido, pelo menos a cada dois anos. Hoje em dia, os valores de normalidade são muito mais rigorosos e é difícil manter valores adequados se não for seguido um padrão alimentar saudável.

Quaisquer que sejam as razões para o seu nível elevado de colesterol – hábitos alimentares, hereditariedade ou ambas – o tratamento que o seu médico vai prescrever, incluirá uma dieta. Se os seus níveis de colesterol não forem controlados apenas com dieta, naturalmente o seu médico irá receitar medicações para reduzir esse colesterol. É importante frisar, no entanto, que a dieta nunca poderá ser abandonada, uma vez que representa um passo essencial no controle coadjuvante dos níveis de colesterol. A medicação nunca substituirá uma dieta pobre em gorduras saturadas e pobre em colesterol. Em outras palavras, quanto menor a adesão a um estilo de vida saudável, maiores serão as doses das medicações prescritas pelo seu médico, trazendo um conseqüente impacto financeiro no custo do tratamento e, também, efeitos colaterais. Devemos lembrar também que, quase sempre, esse tratamento é para a vida toda.

Alimentar-se de forma saudável é um fator importante para reduzir o seu risco cardiovascular e controlar eventuais sintomas. Um programa de alimentação saudável e exercícios podem melhorar substancialmente a sua qualidade de vida e reduzir o impacto das doenças do coração.

Evidentemente, ter uma alimentação saudável não significa comer mal, sem sabor e sem prazer. Esta obra oferece ao leitor a oportunidade única de aprender como preparar pratos saborosos, levando prazer à mesa e, ao mesmo tempo, mantendo a sua saúde. Você perceberá que a vida pode ser muito mais saudável, sem grandes sacrifícios.

DR. FÁBIO VILAS-BOAS
Doutor em Cardiologia pela Faculdade de Medicina da USP
Chefe do Serviço de Cardiologia do Hospital Espanhol – BA
Editor-Chefe dos Arquivos Brasileiros de Cardiologia

Capítulo 1

COLESTEROL: UM FATOR-CHAVE NO DESENVOLVIMENTO DA DOENÇA CARDÍACA

Se você imaginar os seus vasos sangüíneos como uma superauto-estrada entregando nutrientes e oxigênio para todas as células do seu corpo, o colesterol é um proverbial "congestionamento". Infelizmente, neste caso, as luzes não piscam e as buzinas não tocam. À medida que o "congestionamento" piora, a pressão cresce nas artérias até aquele momento quando uma placa se desprende e flui livremente para o coração ou o cérebro e causa um ataque cardíaco ou um derrame.

Sendo uma substância lipídica que ocorre naturalmente em todas as partes do corpo, um pouco de colesterol é necessário para assegurar as funções biológicas normais. Ele está presente nas paredes das células ou membranas em todos os lugares do corpo, incluindo cérebro, nervos, músculos, pele, fígado, intestinos e coração. O seu corpo usa o colesterol para produzir muitos hormônios, vitamina D e o ácido biliar que ajuda a digerir a gordura. Ele utiliza somente uma pequena quantidade do colesterol no sangue para atender a essas necessidades. Mas quando há uma grande quantidade de colesterol em sua corrente sangüínea, o excesso é depositado nas artérias, incluindo as artérias coronárias. À medida que as superauto-estradas vasculares do corpo se estreitam e os entupimentos ("congestionamentos") se formam, os sinais e sintomas da doença cardíaca surgem.

Como qualquer músculo, o coração conta com suprimentos constantes de oxigênio e nutrientes, os quais são transportados até ele pelo sangue, através da nossa superauto-estrada vascular. Quando as artérias coronárias se tornam estreitas ou obstruídas pelo colesterol ou depósitos de gordura – um processo chamado *aterosclerose* – e não conseguem suprir o coração de sangue suficiente, o resultado é a doença coronária (CHD) (ou DAC-Doença Arterial Coronariana). Se o suprimento de oxigênio para o coração for insuficiente, você pode experimentar uma dor no peito chamada *angina*. Se um suprimento de sangue em uma parte do coração é interrompido por um bloqueio total de uma artéria coronária, o resultado é um ataque cardíaco. Isso se deve normalmente a um repentino bloqueio da circulação sangüínea provocado por um coágulo sangüíneo que se forma no topo de um estreitamento prévio da artéria.

POR QUE UM COLESTEROL MAIS BAIXO É O MESMO QUE UM CORAÇÃO MAIS SAUDÁVEL

Estudos recentes têm mostrado que a diminuição do colesterol em pessoas sem doença cardíaca reduz grandemente o risco de desenvolvimento de doenças coronárias, incluindo os ataques cardíacos e mortes relacionadas à DAC. Isso é uma verdade para aqueles que possuem altos níveis de colesterol e para os que possuem níveis normais de colesterol. Vamos dar uma olhada nessas evidências.

O Estudo do Coração de Framingham estabeleceu que o alto nível de colesterol no sangue é um fator de risco para a DAC. Os resultados desse estudo mostraram que quanto mais alto o nível de colesterol, maior é o risco de DAC. Quando os níveis de colesterol estão abaixo de 150 miligramas por decilitro (mg/dL), o desenvolvimento de doença cardíaca é raro.

Uma ligação direta entre colesterol alto no sangue e a DAC tem sido confirmada pelo *Lipid Research Clinics Coronary Primary Prevention Trial* (em 1984), o qual mostrou que a diminuição dos níveis de colesterol total e da lipoproteína de baixa densidade (LDL – "má") reduz significativamente as DAC.

Um estudo feito em 1995, chamado *West of Scotland Coronary Prevention Study (WOSCOPS)*, descobriu que a diminuição do colesterol reduziu o número de ataques cardíacos e de mortes por causas cardiovasculares nos homens com altos níveis de colesterol no sangue e que não tinham sofrido ataque do coração. Durante cinco anos, foi ministrada, para mais de 6.500 homens com níveis de colesterol total de 249 mg/dL a 295 mg/dL, uma droga para baixar o colesterol ou um placebo (uma pílula de imitação que se parece exatamente com a medicação), junto com uma dieta para redução de colesterol. A droga que foi dada é conhecida como *estatina* (pravastatina) e reduziu os níveis de colesterol total por volta de 20% e os níveis de LDL-colesterol por volta de 26%. O estudo descobriu que naqueles que receberam a estatina o risco geral de ter um ataque do coração não fatal ou de morrer de DAC foi reduzido em cerca de 31%. A necessidade de cirurgia de revascularização ou angioplastia foi reduzida por volta de 37%, e as mortes por todas as causas cardiovasculares foram reduzidas em cerca de 32%. Uma descoberta muito importante é que as mortes por outras causas que não doenças cardiovasculares não aumentaram, e as mortes em geral por todas as causas foram reduzidas por volta de 22%.

Em 1998, os resultados do *Air Force/Texas Coronary Atherosclerosis Prevention Study* (AFCAPS/TexCAPS) mostraram que a redução do colesterol em pessoas em geral saudáveis e com níveis normais de colesterol diminuiu o risco de um primeiro evento coronário importante em cerca de 37%. Os participantes do estudo não tiveram evidência óbvia de DAC e apresentaram níveis relativamente normais de colesterol total (média de 221 mg/dL) e de LDL-colesterol (média de 150 mg/dL) e mais níveis abaixo do normal para o HDL-colesterol a lipoproteína de alta densidade (HDL – "bom") (média de 36 mg/dL para homens e 40 mg/dL para mulheres). Esse estudo utilizou a droga estatina (lovastatina), junto com dieta de baixo teor de gordura saturada e colesterol, para reduzir os níveis de colesterol no sangue. Os participantes do estudo que receberam um placebo seguiram a mesma dieta de baixo teor de gordura saturada e colesterol. Depois de um ano, os níveis totais de colesterol no grupo que recebeu medicação foram reduzidos por volta de 18% e os níveis de LDL-colesterol por volta de 25%. O risco de um ataque cardíaco foi reduzido em 40%, angina instável em 32%, a necessidade de cirurgia de revascularização ou angioplastia em 33%, e eventos cardiovasculares, 25%. Os benefícios da redução do colesterol nesse estudo se estenderam para homens e mulheres, assim como para adultos mais velhos. Não houve diferença significativa entre os grupos de tratamento e de placebo no que se refere a mortes por doença não-cardiovascular.

SINAIS DO COLESTEROL: OS FATORES AFETANDO OS NÚMEROS

Seu nível de colesterol no sangue é afetado não somente pelo que você come, mas também pela rapidez com que o seu corpo fabrica o LDL-colesterol e dispõe dele. De fato, seu corpo fabrica todo o colesterol de que necessita, e não é necessário extrair colesterol adicional dos alimentos que você ingere. Há muitos fatores que ajudam a determinar se o seu nível de LDL-colesterol é alto ou baixo.

A genética e o colesterol

Seus genes têm influência sobre o quão alto o seu LDL-colesterol é, dependendo da rapidez com a qual o LDL é fabricado e removido do sangue. Uma forma específica de colesterol alto hereditário e que afeta uma em quinhentas pessoas é a *hipercolesterolemia familiar*, a qual leva, com freqüência, a doenças cardíacas. Mas mesmo que você não tenha uma forma genética específica de colesterol alto, os genes têm uma função que influencia o seu nível de LDL-colesterol.

Em movimento: O Exercício e os Números

A atividade física regular não só ajudará você a alcançar ou manter um peso saudável, mas também pode reduzir o LDL-colesterol, aumentar o HDL-colesterol e baixar a pressão sangüínea. Os estudos também mostram que o exercício pode ajudar a reduzir os níveis de triglicérides (um tipo de gordura encontrada no sangue e nos alimentos) e um fator inflamatório chamado *Proteína C-Reativa (PCR)*, dois fatores de risco adicionais envolvidos com as doenças cardíacas, os quais discutiremos posteriormente neste capítulo.

A Idade e o Gênero

Antes da idade da menopausa, as mulheres usualmente têm níveis de colesterol total mais baixos do que aqueles dos homens na mesma idade. À medida que as mulheres e os homens envelhecem, seus níveis de colesterol aumentam até cerca de sessenta a sessenta e cinco anos de idade. Depois da idade de cinqüenta anos, as mulheres freqüentemente têm níveis de colesterol total maiores do que os homens da mesma idade. As mulheres na pré-menopausa normalmente têm níveis de HDL-colesterol (protetor) mais altos. Depois da menopausa, o HDL diminui em muitas mulheres, aumentando o seu risco para doenças cardíacas.

O Fumo e o Álcool

O fumo é o fator de risco número um para ataques cardíacos. Uma vez que o tabagismo reduz o HDL-colesterol, que protege naturalmente contra as doenças cardíacas, as mulheres que fumam estão sob risco maior. De fato, as mulheres que fumam têm um risco seis vezes maior de ataques cardíacos quando comparadas com as não-fumantes. Fumar tem efeitos negativos não só sobre o colesterol, mas também sobre a pressão sangüínea.

A ingestão de álcool aumenta o HDL-colesterol mas não reduz o LDL-colesterol. Ele também afina o sangue, reduzindo a formação de coágulos que bloqueiam as artérias para o coração. O consumo de álcool com moderação provavelmente é bom para a maioria das pessoas. Entretanto, a definição de moderação é enganadora, especialmente para as mulheres. O *Nurses' Health Study* e outros estudos têm mostrado que duas doses diárias aumentam o risco de desenvolver câncer de mama em cerca de 20 a 25%. Pesquisas mostram que o aumento do risco de câncer de mama ligado ao consumo de álcool é observado principalmente em mulheres com níveis insuficientes de ácido fólico em sua dieta. Isso também tem sido visto entre mulheres que desenvolvem câncer de cólon. Os especialistas recomendam, para aquelas que bebem, tomar no mínimo 400 microgramas de ácido fólico por dia.

Ingerir álcool também pode causar danos ao fígado e ao músculo cardíaco, levar à pressão sangüínea alta e aumentar o nível de triglicérides. Por causa desses riscos, as bebidas alcoólicas não deveriam ser utilizadas como um meio para elevar os níveis de HDL ou prevenir doenças cardíacas. Se você quiser obter os fitonutrientes saudáveis para o coração encontrados no vinho, incluindo o resveratrol, sem consumir álcool, experimente o suco de uva vermelha ou rosada.

O Estresse e o seu Colesterol

O estresse, a longo prazo, tem sido descrito em uma série de estudos como um fator de elevação dos níveis de colesterol no sangue. Uma forma com a qual o estresse pode fazer isso é afetando os hábitos das pessoas, incluindo os alimentos que elas escolhem. Quando estão sob estresse, algumas pessoas se consolam através da ingestão de alimentos que não são saudáveis. A gordura saturada e a gordura *trans* presentes nesses alimentos podem contribuir para aumentar os níveis de colesterol no sangue. (Discutiremos as gorduras no Capítulo 3.) Estressadas, as pessoas também podem fumar ou consumir álcool, que, conforme observado anteriormente, pode ter efeitos negativos sobre as doenças cardíacas.

O Peso e o seu Colesterol: Um Fator-Chave

O peso excessivo tende a aumentar o nível do seu LDL-colesterol. Se você está acima do peso e tem um alto nível de LDL-colesterol, perder peso pode ajudar a baixar esse nível. A perda de peso ajuda a reduzir o triglicérides.

Segundo a orientação do *National Heart, Lung, and Blood Institute*, a avaliação para constatação de sobrepeso envolve três medidas-chave:

- Os fatores de risco para doenças e condições associadas ao sobrepeso ou obesidade
- O Índice de Massa Corporal (IMC)
- A circunferência da cintura

O Índice de Massa Corporal (IMC). O índice de massa corporal (IMC) é uma medida de seu peso em relação à sua altura. A combinação do IMC com informações sobre os seus fatores de risco adicionais produz o seu risco de desenvolvimento de doenças associadas à obesidade. O IMC é um indicador confiável do total de gordura corporal, a qual está relacionada ao risco de doença e morte. A pontuação é válida para homens e mulheres, mas tem alguns limites.

- Ele pode superestimar a gordura corporal em atletas e outras pessoas que tenham grande quantidade de massa muscular.
- Ele pode subestimar a gordura corporal em pessoas idosas e outras que têm perda de massa muscular.
- O ganho apropriado de peso durante a gravidez varia e depende do peso inicial ou do nível de IMC. As mulheres grávidas devem contatar um profissional de saúde para assegurar um ganho de peso apropriado durante a gravidez.

Você pode usar o IMC para ver se está abaixo do peso, com peso normal, sobrepeso ou obeso. Use a tabela de índice de massa corporal (Tabela 1.1) para encontrar o seu IMC, ou utilize esta equação, tirada do *Centers for Disease Control and Prevention*:

$$\frac{\text{Peso (em kg)}}{\text{Altura Em metros} \times \text{Altura Em metros}}$$

Tabela 1.1

Altura (em metros)	Peso (em quilogramas)															
	45,5	**50,0**	**54,5**	**59,0**	**63,5**	**68,0**	**72,5**	**77,0**	**81,5**	**86,0**	**91,0**	**95,0**	**100,0**	**104,0**	**109,0**	**113,0**
1,52	20	21	23	25	27	29	31	33	35	37	39	41	43	45	47	49
1,55	19	21	23	25	26	28	30	32	34	36	38	40	42	43	45	47
1,57	18	20	22	24	26	27	29	31	33	35	37	38	40	42	44	46
1,60	18	19	21	23	25	27	28	30	32	34	35	37	39	41	43	44
1,62	17	19	21	22	24	26	27	29	31	33	34	36	38	39	41	43
1,65	17	18	20	22	23	25	27	28	30	32	33	35	37	38	40	42
1,67	16	18	19	21	23	24	26	27	29	31	32	34	36	37	39	40
1,70	16	17	19	20	22	23	25	27	28	30	31	33	34	36	38	39
1,73	15	17	18	20	21	23	24	26	27	29	30	32	33	35	36	38
1,75	15	16	18	19	21	22	24	25	27	28	30	31	32	34	35	37
1,78	14	16	17	19	20	22	23	24	26	27	29	30	32	33	34	36
1,80	14	15	17	18	20	21	22	24	25	26	28	29	31	32	33	35
1,83	14	15	16	18	19	20	22	23	24	26	27	28	30	31	33	34
1,85	13	15	16	17	18	20	21	22	24	25	26	28	29	30	32	33
1,88	13	14	15	17	18	19	21	22	23	24	26	27	28	30	31	32
1,90	12	14	15	16	17	19	20	21	22	24	25	26	27	29	30	31
1,93	12	13	15	16	17	18	19	21	22	23	24	26	27	28	29	30

Por exemplo, uma pessoa que pesa 99,5 quilogramas e tem 1,90 metros de altura, tem um IMC de 27,5.

$$\frac{99{,}5 \text{ quilogramas}}{1{,}90 \text{ metros} \times 1{,}90 \text{ metros}} = 27{,}5$$

Para utilizar o índice de massa corporal:

1. Encontre sua altura na coluna à esquerda.
2. Movimente-se pela mesma linha até o número mais próximo ao seu peso.
3. O número naquela coluna é o seu IMC. Verifique o seu IMC e converse com o seu médico para ajudá-lo a alcançar um peso saudável.

A pontuação do IMC significa o seguinte:

- Abaixo do peso: abaixo de 18,5
- Normal: 18,5 – 24,9
- Excesso de peso: 25,0 – 29,9
- Obesidade: 30,0 e acima

A Circunferência da Cintura: Maçãs *versus* Peras. A maneira como o seu peso se distribui pelo seu corpo também é um fator no desenvolvimento de doenças cardíacas. As pessoas que tendem a concentrar o seu peso ao redor da cintura (como uma maçã) estão sob risco maior de doenças cardíacas do que aquelas cujo peso tende a fixar-se nos quadris e coxas (como uma pêra).

Meça a circunferência de sua cintura colocando uma fita métrica confortavelmente em volta da sua cintura. Ela é um bom indicador da sua gordura abdominal, a qual é um outro determinante do risco para desenvolvimento de fatores que levam às doenças cardíacas e outras doenças. Esse risco aumenta quando a medida da cintura é maior do que um metro em homens e 90 centímetros em mulheres.

Converse com o seu médico para ver se você apresenta um risco elevado e se deveria perder peso. Seu médico avaliará o seu IMC, a medida de sua cintura e outros fatores de risco para doenças cardíacas. As pessoas que estão acima do peso ou obesas têm uma chance maior de desenvolver hipertensão, colesterol sangüíneo alto ou outras doenças, diabetes tipo 2, doenças cardíacas, derrame e certos tipos de câncer; até mesmo uma pequena perda de peso (somente 10% do seu peso atual) o ajudará a reduzir o seu risco de desenvolvimento dessas doenças.

COLESTEROL, SÍNDROME METABÓLICA E DIABETES, OH, MEU DEUS!

O colesterol não só tem influência sobre o coração e o sistema vascular, mas também tem laços estreitos com uma miríade de fatores que afetam o desenvolvimento de diabetes e da síndrome metabólica. Vamos dar uma olhada.

Diabetes e Colesterol

Ter diabetes aumenta o risco de desenvolvimento de doenças cardíacas. Por ser o risco de ter um ataque cardíaco, tipicamente, tão alto tanto para uma pessoa com diabetes quanto para uma com doença cardíaca, os tratamentos que visam a redução do LDL e colesterol total são os mesmos destinados para alguém que já tenha doença cardíaca. Da mesma forma como aqueles que têm doenças cardíacas, o objetivo para o LDL é *menos do que 100 mg/dL*. Triglicérides sangüíneo elevado e baixos níveis de HDL estão freqüentemente presentes em pessoas quem têm diabetes. Assim, depois de alcançarem o seu objetivo com relação ao LDL, elas deveriam dar atenção ao alto nível de triglicérides e aos baixos níveis de HDL. Discutiremos fatores alimentares que influenciam todas as três lipoproteínas, ao longo do livro, e ofereceremos receitas e planos de refeições para ajudar a alcançar os objetivos relacionados à saúde, deliciosamente!

Síndrome Metabólica e Colesterol

O *National Cholesterol Education Program* descobriu quatro inimigos da saúde em liberdade, coletivamente definidos como síndrome metabólica (também conhecida pelo nome de "síndrome de resistência à insulina", que foi identificada pela primeira vez pelo Dr. Gerald Reaven). Sem surpresa alguma, você encontrará o colesterol no topo da lista. A presença de pelo menos três dos fatores que formam o "Quarteto Mortal", sejam eles quais forem, indica crime (ou seja, o diagnóstico da síndrome metabólica). Vamos dar uma olhada no seguinte arranjo:

- Altos níveis de triglicérides – 150 mg/dL ou mais (nós discutiremos sobre esses caras maus no Capítulo 2)
- Baixos níveis de HDL-colesterol – abaixo de 40 mg/dL para homens e abaixo de 50 mg/dL para mulheres (ver Capítulo 2)
- Excesso de peso em volta da cintura – a medida da cintura de mais de 1 metro para homens e de 90 centímetros para mulheres
- Altos níveis de glicemia de jejum – 110 mg/dL ou mais
- Pressão sangüínea alta – 130/85 mm Hg ou mais

De acordo com estimativas recentes, aproximadamente um em três adultos americanos tem pressão alta mas, por não haver sintomas, aproximadamente um terço dessas pessoas nem mesmo sabe que a tem. Na realidade, muitas pessoas têm pressão alta durante anos, sem sabê-lo. A pressão alta não controlada pode levar ao derrame, ataque cardíaco, parada cardíaca, ou parada renal. Esse é o motivo pelo qual a pressão alta é sempre chamada de o "matador silencioso". A única maneira de dizer se você tem pressão alta é ter sua pressão sangüínea medida.

Fatores de risco para a Síndrome Metabólica. Ter um dos inimigos por tempo prolongado pode significar que os outros estão a caminho. Daí ser importante que os indivíduos de quarenta e cinco anos ou mais façam exames para diabetes, especialmente se estiverem acima do peso. Ainda, eles devem pensar em fazer o exame se tiverem menos do que quarenta e cinco anos, estiverem acima do peso e tiverem um ou mais do que os seguintes fatores de risco:

- Histórico familiar de diabetes
- Baixo HDL-colesterol e triglicérides alto
- Pressão alta
- Histórico de diabetes gestacional (diabetes durante a gravidez) ou tenha dado a luz a um bebê pesando mais do que quatro quilos
- Grupos pertencentes a minorias étnicas: afro-americanos, indo-americanos, hispano-americanos e americanos das ilhas do pacífico.*

(*) Nota:
É importante lembrar que a origem multirracial do brasileiro torna difícil estabelecer a qual minoria étnica ele pertence e, portanto, estabelecer o risco para doença cardiovascular.

Inflamação na Síndrome Metabólica. Vários fatores e substâncias inflamatórias do corpo – incluindo a *Proteína C-reativa (PCR)*, *homocisteína* e *lipoproteína (a)* – têm uma função no desenvolvimento das doenças cardíacas. Não é surpreendente que a nossa dieta e o nosso peso tenham muito a ver com o aumento e a redução desses fatores no corpo.

As células de gordura, ou *adipócitos*, são os instrumentos da inflamação, reunindo os fatores inflamatórios incluindo a PCR. O excesso de peso ou obesidade está associado a um estado de inflamação, uma vez que, nesses casos, existem mais células de gordura presentes. Nos últimos dez anos, os pesquisadores têm descoberto que esses componentes produzidos pelas células de gordura estão relacionados com a resistência à insulina, diabetes tipo 2, doença cardiovascular e síndrome metabólica. As gorduras alimentares também têm um papel na inflamação, o qual discutiremos no Capítulo 3.

A proteína C-reativa é tão poderosa que sua presença revela risco de doenças cardiovasculares. Esse pequeno fator não deve ser negligenciado. Na realidade ele está até na lista dos "Mais Procurados" da *American Heart Association*. Um relatório recente publicado pelo *American Heart Association/Centers for Disease Control and Reventtion (AHA/CDC)* indica que as medidas da PCR podem fornecer informação para a avaliação da doença cardíaca, somada àquela que pode ser adquirida a partir de fatores de risco estabelecidos.

Um estudo de 2004 realizado no *Jeam Mayer U.S. Department of Agriculture, Human Nutrition Research Center on Aging* da *Tufts University* descobriu que comer mais frutas e vegetais reduz, de forma significativa, os níveis de proteína C-reativa (PCR), ajudando a reduzir o risco de doenças cardíacas. Os estudos realizados em 2004 e 2005 no *Centers of Disease Control and Prevention* descobriram que as dietas ricas em fibras e grãos também ajudam a reduzir a PCR. Converse com o seu médico sobre a verificação dos seus níveis de PCR.

A homocisteína, um outro aliado do quarteto mortal, é um aminoácido encontrado normalmente no corpo, e também aumenta o risco de doenças cardíacas, derrame e doenças vasculares periféricas (um fluxo reduzido de sangue nas mãos e nos pés).

Numerosos estudos, incluindo o *Physicians' Health Study*, o *Tromso Study* da Noruega, o *Framingham Heart Study*, e uma meta-análise de aproximadamente quarenta estudos descobriram que as pessoas com níveis elevados de homocisteína no sangue têm o risco de doenças cardíacas aumentado.

Os cientistas têm uma série de teorias: primeira, um alto nível de homocisteína pode estar envolvido com o processo de aterosclerose, o depósito gradual de substâncias gordurosas nas artérias. A homocisteína também pode favorecer a coagulação do sangue por meio do aumento da viscosidade das plaquetas. Os coágulos podem bloquear o fluxo do sangue, causando um ataque cardíaco ou derrame. A homocisteína elevada pode afetar outras substâncias envolvidas também na coagulação. Finalmente, os níveis elevados de homocisteína podem tornar os vasos sangüíneos menos flexíveis – e assim menos capazes de expandir-se para aumentar o fluxo sangüíneo.

Mais uma vez, os estudos têm mostrado que o alimento que comemos tem um papel na redução desse aminoácido obstinado. Alimentos ricos em folato (ácido fólico), vitamina B6 e vitamina B12 realmente ajudam a reduzir os níveis da homocisteína que danifica o coração, reduzindo o risco para doenças cardíacas. Converse com seu médico sobre isso e vamos dar uma olhada em alguns "heróis saudáveis contra a homocisteína" que seguem.

- **Fontes de folato (ácido fólico).** Feijão fradinho (105 mcg ou 25% VD), espinafre cozido (100 mcg ou 25% VD), feijões do norte (90 mcg ou 20% VD), aspargos (85 mcg ou 20% VD), germe de trigo (40 mcg ou 10% VD), suco de laranja (35 mcg ou 10% VD), ervilhas (50 mcg ou 15% VD), brócolis cozidos (45 mcg ou 15% VD), abacate (45 mcg ou 10% VD) e amendoim (40 mcg ou 10% VD).
- **Fontes de vitamina B6.** Batatas (0,7 mg ou 35% VD), grão-de-bico (0,57 mg ou 30% VD), peito de frango (0,52 mg ou 25%), farinha de aveia (0,42 mg ou 20% DV), truta (0,29 mg ou 15% DV), sementes de girassol (0,23 mg ou 10% VD), abacates (0,20 mg ou 10% VD), atum (0,18 mg ou 10% VD) e espinafre cozido (0,14 mg ou 8% VD).
- **Fontes de vitamina B12.** Mariscos (84,1 mcg ou 1,400% VD), truta (5,4 mcg ou 90% VD), salmão (4,9 mcg ou 80% VD), iogurte (1,4 mcg ou 255 VD), atum (1 mcg ou 15% VD) e leite (0,9 mcg ou 15% VD).

A lipoproteína (a) é um composto do organismo que está ligado ao LDL-colesterol. Níveis elevados de lipoproteína (a) são um fator de risco para numerosas doenças vasculares, incluindo doenças cardíacas e derrame. Um estudo recente realizado em 2005 na *Harvard School of Public Health* demonstrou que mulheres com níveis de lipoproteína (a) maiores ou iguais a 30 mg/dL têm duas vezes mais risco de eventos cardiovasculares do que mulheres com níveis mais baixos. Os cientistas têm descoberto que a lipoproteína (a) é afetada negativamente por tipos específicos de gordura alimentar, incluindo a gordura *trans* e a saturada (dois tipos não saudáveis que discutiremos no Capítulo 3). Converse com o seu médico sobre a sua verificação e a redução dos níveis de lipoproteína:

- Limitando a ingestão de alimentos com alto teor de gordura saturada
- Limitando a ingestão de alimentos contendo gorduras *trans*
- Escolhendo gorduras boas tiradas de nozes, sementes, pasta de nozes não-hidrogenadas (ou pasta de amendoim), peixes, azeite de oliva e outros azeites prensados a frio

UMA BOA DIETA PARA O CORAÇÃO: O PRINCIPAL CAMINHO PARA REDUZIR O COLESTEROL

A dieta é o primeiro passo e o principal caminho terapêutico que o seu médico recomendará para reduzir o depósito de placas de aterosclerose. Nas décadas passadas, obtivemos maior percepção sobre o colesterol e como ele é afetado pela dieta. Embora o colesterol nos alimentos (como gema de ovo e moluscos, por exemplo) possa elevar os níveis de colesterol em seu corpo, muitas outras substâncias – tais como gordura *trans*, gordura saturada, e carboidratos refinados – também têm uma função na criação desses "congestionamentos vasculares" que temos discutido. Alimentos à base de plantas – frutas, vegetais, grãos integrais, legumes, nozes e também as ervas e especiarias –, de modo oposto, têm um efeito protetor, vigiando as artérias, assegurando uma estrada aberta para nutrientes e oxigênio viajarem no organismo e melhorar a saúde. Discutiremos as gorduras, carboidratos e nutrientes nos Capítulos 3 e 4 e os alimentos que ajudam o coração e condimentos nos Capítulos 5 e 6. Depois colocaremos tudo isso junto em nossos deliciosos planos de refeições e receitas nos Capítulos 8 e 9, então, continue lendo!

Capítulo 2

FOCALIZANDO O COLESTEROL: O QUE OS NÚMEROS SIGNIFICAM

Conhecer a pontuação do seu colesterol é um passo importante no controle da saúde do seu coração. Uma vez que conheça os números – bons ou maus –, você pode agir para reduzir o seu colesterol e o risco de desenvolver doenças cardíacas e outros problemas vasculares. Todas as pessoas com vinte anos ou mais devem ter o seu colesterol medido, no mínimo, uma vez a cada cinco anos. O melhor é realizar um exame de sangue chamado *perfil lipídico* para obter os números referentes ao seu colesterol. Esse exame de sangue é feito depois de um jejum de doze horas e dá informações sobre o seguinte:

- Colesterol total
- LDL ou lipoproteína de baixa densidade (colesterol "mau")
- HDL ou lipoproteína de alta densidade (colesterol "bom")
- Triglicérides

Se não for possível fazer um perfil lipídico completo, procure saber o valor do seu colesterol total e o HDL-colesterol. Isso pode dar a você uma idéia geral sobre os seus níveis de colesterol. Se o seu colesterol total for de 200 mg/dL ou mais, ou se o seu HDL for menor do que 40 mg/dL, você precisará fazer um exame de perfil lipídico completo.

Se você não conhece o seu nível de LDL, deve mensurá-lo. Se não for necessário um tratamento específico para o LDL, você ainda pode dar os seguintes passos para manter o seu colesterol baixo e reduzir o risco de doenças cardíacas:

- Coloque as frutas, vegetais, grãos integrais e legumes como o centro de sua dieta.

- Selecione fontes de proteína com baixo índice de gordura e saudáveis para o coração, tais como peixe, nozes, soja e carne magra de aves.
- Escolha gorduras saudáveis em lugar das não saudáveis (reporte-se ao Capítulo 3).
- Opte por grãos integrais em vez de alimentos refinados (ver Capítulo 3).
- Faça exercício físico.
- Mantenha um peso saudável.
- Não fume.

O SEU COLESTEROL TOTAL

O colesterol total é a soma de todo o colesterol presente em seu sangue. Geralmente, como você pode ver na tabela 2.1, quanto mais alto o seu colesterol total, maior é o seu risco para doenças cardíacas. Entretanto, algumas mulheres, particularmente atletas, podem ter um HDL muito elevado (maior do que 80), que aumenta o seu colesterol total. Tenha em mente que as orientações estão mudando,

Tabela 2.1 Níveis de Colesterol Total e o seu Risco para Doenças Cardíacas

Colesterol Total	Risco
Menos do que 200 mg/dL	Nível desejável que o coloca em baixo risco para doenças cardíacas. Um nível de colesterol de 200 mg/dL ou maior aumenta o seu risco
200 a 239 mg/dL	Limítrofe alto
240 mg/dL e acima	Alto colesterol no sangue. Uma pessoa com esse nível tem mais do que o dobro do risco de doenças cardíacas se comparada a alguém cujo colesterol está abaixo de 200 mg/dL.

e para pacientes que se encontram em alto risco, não é tanto o colesterol total, mas o LDL-colesterol que deve ser o foco principal.

HDL: O COLESTEROL PROTETOR

Aproximadamente de um terço a um quarto do colesterol no sangue é carregado pela lipoproteína de alta densidade. Esse colesterol "bom" tem a honrada ocupação de escoltar o colesterol do sangue e levá-lo de volta ao fígado, onde ele é processado para eliminação pelo corpo. Ao fazer isso, o HDL diminui a possibilidade de depósito do colesterol que está no sangue na parede das artérias, o que criaria uma reserva vascular que poderia levar às doenças cardíacas.

Os estudos mostram que os níveis de HDL estão inversamente associados ao risco de doenças cardíacas. O HDL não só ajuda a varrer o colesterol do corpo, mas também protege contra doenças cardíacas por causa de sua ação antioxidante e antiinflamatória. Não é de se estranhar que ele seja chamado de "bom colesterol"! A tabela 2.2 mostra como o HDL afeta o seu risco para doenças cardíacas.

Tabela 2.2 Os níveis de HDL e o seu Risco para Doenças Cardíacas

HDL	Risco
Menos do que 40 mg/dL	Um risco maior para as doenças cardíacas.
40 a 59 mg/dL	Quanto maior o seu HDL, melhor.
60 mg/dL e acima	Um HDL de 60 mg/dL e acima é considerado uma proteção contra as doenças cardíacas.

Aumentando o Colesterol Benéfico

Você pode aumentar a quantidade do seu HDL, o que irá ajudar o coração, incorporando os carboidratos e gorduras saudáveis à sua dieta e optando por uma dieta baseada em vegetais e rica em fitonutrientes. O exercício físico também alavanca o HDL para proteger o coração.

Consumir uma dieta saudável e fazer do exercício físico um hábito ajudam a melhorar o seu HDL; lembre-se de que um grande número de outros fatores pode arrastá-lo para baixo. Fumar, consumir uma dieta rica em carboidratos refinados que apresentam menor qualidade nutritiva e menos fibras, consumir gorduras *trans* e tomar certas drogas, tais como betabloqueadores, esteróides anabolizantes e agentes progestacionais (controle da natalidade) tendem a reduzir o seu colesterol bom.

LDL: MANTENHA-O BAIXO

O *National Cholesterol Education Program (NCEP)* tem como alvo a lipoproteína de baixa densidade como o principal acusado pelas doenças cardíacas. O LDL carrega o colesterol do fígado para o resto do corpo. Da mesma forma como óleo e água não se misturam, o colesterol (que é um lipídio) e o sangue (que é aquoso) também não. O colesterol deve ser embalado nas lipoproteínas para poder viajar na corrente sangüínea. Fabricado no fígado, ele se combina com as proteínas, que carregam o colesterol através da corrente sangüínea.

O LDL carrega a maior parte do colesterol do sangue, e o colesterol do LDL é a fonte principal da criação do dano e bloqueio nas artérias. Então, quanto mais

LDL-colesterol você tem em seu sangue, maior é o seu risco de doenças cardíacas.

Se, por um lado, os objetivos variam para um nível de LDL alvo baseado em seus fatores de risco cardíacos pessoais, por outro o seu nível de LDL é um bom indicador do seu risco para as doenças cardíacas. Reduzir o LDL, não importa qual a sua idade, pode ajudá-lo a proteger o seu coração. É importante notar que para pacientes com doença cardíaca as orientações continuam a mudar. Converse com o seu médico a respeito do seu alvo LDL.

Embora a dieta e o exercício físico desempenhem um grande papel na redução dos níveis de LDL-colesterol, uma série de outros fatores entra em jogo e eleva os seus níveis de "colesterol mau", incluindo estes:

- Fumar
- Pressão sangüínea alta (maior ou igual a 140/90 mm Hg) ou tomar medicação anti-hipertensiva
- HDL-colesterol baixo (menos do que 40 mg/dL)
- Genética: história familiar de CHD – doença coronariana cardíaca prematura – (CHD em um parente homem com menos do que cinqüenta e cinco anos; CHD em uma mulher parente em primeiro grau, com menos do que sessenta e cinco anos)
- Idade (homens com quarenta e cinco ou mais; mulheres com cinqüenta e cinco ou mais)

A Lipoproteína (a) e o LDL

A lipoproteína (a), também conhecida como Lp(a), é uma variação genética do LDL-colesterol, a qual nós discutimos brevemente no Capítulo 1 como sendo um fator de risco para doenças vasculares. Esse composto estimula a inflamação e os depósitos de gordura nas artérias.

Os pesquisadores acreditam que as lesões nas paredes das artérias contêm substâncias que interagem com a Lp(a), causando o aumento dos depósitos de gordura. No Capítulo 3, discutiremos como os alimentos, especificamente as gorduras na dieta, afetam a Lp(a).

O seu LDL e as Mudanças Terapêuticas de Estilo de Vida

O *National Heart, Lung, and Blood Institute*, parte do *National Institutes of Health* (nhlbi.nih.gov), formulou um plano para reduzir os níveis de LDL-colesterol. Conhecido como "*Therapeutic Lifestyle Changes (TLC)*" (mudanças terapêuticas de estilo de vida), esse programa recomenda que as pessoas pratiquem as seguintes ações:

- Reduzam a ingestão de gorduras saturadas para menos de 7% do total de calorias (e mantenham mínimas as gorduras *trans*). Nossos planos de alimentação e receitas nos Capítulos 8 e 9 ajudarão a atingir esse objetivo.
- Usem as gorduras saudáveis com moderação, incluindo as gorduras poliinsaturadas, gorduras monoinsaturadas e gordura total. Procurem alimentos que contenham estanóis e esteróis de plantas que cortam o colesterol, tais como a margarina à base de óleo de canola, da qual falaremos no Capítulo 3.
- Façam dos carboidratos (especialmente daqueles alimentos como frutas, vegetais, grãos integrais e legumes) a sua principal fonte de calorias.
- Escolham carnes magras como fontes de proteína.
- Reduzam os alimentos que contêm colesterol.
- Comam 20 a 30 gramas de fibras por dia e incluam mais fibras solúveis em sua dieta (de 10 para 25 gramas por dia).

- Reduzam seu peso.
- Aumentem sua atividade física.

Para recomendações específicas a respeito de quantidades, converse com o seu médico e nutricionista para criar um plano pessoal para atender às suas necessidades de saúde.

Fazer exercício ficará por sua conta, mas a *Healing Gourmet* pode ajudá-lo a colocar essas deliciosas recomendações alimentares em prática para reduzir o seu LDL-colesterol e alcançar um peso saudável. Nossos planos de refeições e receitas nos Capítulos 8 e 9 ajudam a tirar "o gostaria tanto" de cena e colocar o sabor dentro da sua vida. Coma o que será o seu coração!

Quando a Dieta e o Exercício Sozinhos não o Cortam

Algumas pessoas podem passar por tempos difíceis para reduzir o LDL-colesterol com dieta ou exercício por conta própria. O seu médico pode prescrever vários tipos de medicamentos para reduzir o colesterol, como o ácido nicotínico, as estatinas, os ácidos fíbricos ou os seqüestrantes de ácido biliar. Discuta com ele os perigos, efeitos colaterais e interações com alimentos dessas medicações.

TRIGLICÉRIDES: MANTENHA-O BAIXO

Os triglicérides são uma forma de gordura que circula na corrente sangüínea. A maior parte da gordura em seu corpo está sob a forma de triglicérides, armazenados nas células de gordura (tecido adiposo), com somente uma pequena porção de triglicérides presente na corrente sangüínea.

De forma geral, os triglicérides surgem como um fator de risco independente para a doença cardíaca. Embora sozinhos os altos níveis de triglicérides no sangue não causem necessariamente a aterosclerose (o acúmulo de colesterol e de gordura nas paredes das artérias), algumas lipoproteínas que são ricas em triglicérides também contêm colesterol, o qual contribui para a aterosclerose. As pessoas com nível de triglicérides alto freqüentemente têm colesterol total alto, LDL-colesterol alto e HDL-colesterol baixo. A tabela 2.3 ilustra a classificação dos níveis de triglicérides.

A dieta em geral tem um efeito sobre os triglicérides, mas, surpreendentemente, os carboidratos parecem ter o maior impacto. No próximo capítulo, discutiremos como os carboidratos com alto índice glicêmico parecem aumentar os triglicérides, enquanto algumas das gorduras saudáveis parecem manter essas lipoproteínas em níveis baixos. Nos capítulos posteriores, falaremos sobre os nutrientes e alimentos com os quais você deverá armar o seu arsenal de ajuda ao coração.

Tabela 2.3 Classificação do Triglicérides e o seu Risco para Doenças Cardíacas

Triglicérides	Risco
Menos do que 150 mg/dL	Normal
150 a 199 mg/dL	Limítrofe alto
200 a 499 mg/dL	Alto
500 mg/dL e acima	Muito alto

Capítulo 3

GORDURAS, CARBOIDRATOS E O SEU COLESTEROL

Mensagens confusas sobre carboidratos e gorduras popularizadas por algumas dietas da moda têm levado muitos americanos a fazerem escolhas indesejáveis de alimentos. Pesquisas mostram que os tipos de gorduras e carboidratos que escolhemos têm um grande impacto sobre os níveis de colesterol, o desenvolvimento de doenças cardíacas, síndrome metabólica e muitas outras doenças crônicas.

A escolha das gorduras e carboidratos certos tem o poder de baixar o colesterol total, aumentar as quantidades de HDL e reduzir os nossos níveis de LDL e triglicérides. Então, com medo da gordura, você vai evitar o azeite de oliva, as nozes e os abacates? Você estará evitando a ingestão de minerais como magnésio, gorduras saudáveis, mais antioxidantes e fitonutrientes que ajudam o coração! Fobia aos carboidratos? Lá se vão as fibras que cortam o colesterol e os fitonutrientes que ajudam o coração, encontrados abundantemente em grãos integrais e legumes.

A *Healing Gourmet* torna fácil para você seguir os princípios descobertos pela ciência moderna para beneficiar o seu coração. Neste capítulo, apontaremos os amigos e inimigos no mundo das gorduras e dos carboidratos e como eles se relacionam com o seu colesterol e riscos de doenças associadas.

COLESTEROL NA COMIDA *VERSUS* COLESTEROL NO SANGUE

Embora o colesterol no sangue seja um fator de risco para doenças cardíacas, os alimentos que contêm colesterol têm somente uma parcela mínima de participação no nível de colesterol que aparece no sangue. De fato, em um estudo de mais de oitenta mil mulheres, os pesquisadores de Harvard descobriram que ingerir 200 miligramas de colesterol por dia (o equivalente a um ovo) não aumenta o risco para doenças cardíacas.

Apesar de ser verdade que a gema de ovo contém muito colesterol, ela também contém uma abundância de proteínas e nutrientes, tais como vitaminas B12 e D, folato, riboflavina e luteína, as quais podem reduzir o risco para doenças cardíacas.

GORDURAS NÃO SAUDÁVEIS PARA O COLESTEROL

Estruturalmente, as gorduras são moléculas constituídas por uma série de átomos de carbono (C) ligados uns aos outros em cadeia. As gorduras alimentares são compostas de longas cadeias contendo de doze a vinte dois átomos de carbono. Uma pequena alteração na estrutura da gordura alimentar pode gerar um grande impacto em toda a sua saúde. Primeiro, vamos dar uma olhada nas gorduras inimigas e seus efeitos sobre os níveis de colesterol e a saúde do seu coração.

O Inimigo: Gordura *Trans*

In natura, a maioria das gorduras ocorrem no que os cientistas chamam de configuração “cis”, significando que os átomos de hidrogênio estão do mesmo lado nas duplas ligações. Os ácidos graxos *trans*, entretanto, são produzidos através de um processo chamado *hidrogenação*, o qual adiciona hidrogênio à molécula de gordura e leva os átomos de hidrogênio a alinhar-se em lados opostos à dupla ligação (ver Tabela 3.1). O óleo hidrogenado se tornou popular porque esse tipo não estraga e não mofa tão facilmente quanto o óleo normal, possuindo, assim, vida mais

Tabela 3.1 Ácidos graxos *trans* em uma Porção de Alimentos Selecionados

Alimento	Ácidos Graxos *Trans* (Gramas por porção)
Bala de chocolate	0,04 - 2,8
Batatas fritas *(fast food)*	0,7 - 3,6
Biscoito de chocolate	1,2 - 2,7
Biscoitos petiscos	1,8 - 2,5
Bolo (400 g)	4,3
Cereais prontos para comer	0,05 - 0,5
Gordura vegetal	1,4 - 4,2
Margarina (cremosa, normal)	0,4 - 1,6
Margarina (tablete)	1,8 - 3,5
Molhos de salada (normal)	0,06 - 1,1
Óleos vegetais	0,01 - 0,06
Pão branco	0,06 - 0,7
Pipoca de microondas (normal)	2,2
Salgadinhos de pacote	0 - 1,2
Sonho	0,3 - 3,8
Wafer de baunilha	1,3

Informações sobre ácidos graxos tirados dos dados de composição dos alimentos da USDA, 1995

longa sobre as prateleiras. Quanto mais hidrogenado for o óleo, mais sólido ele será à temperatura ambiente. Por exemplo, um pote de margarina cremosa é menos hidrogenado e, assim sendo, tem menos gorduras *trans* do que a margarina em tablete. A melhor escolha são as margarinas livres de gordura *trans*.

A maioria das gorduras *trans*, na dieta americana, são encontradas em produtos comerciais assados do tipo padaria, margarinas, alimentos tipo petisco e alimentos fritos comercialmente processados, tais como batatas fritas, sonhos e anéis de cebola. Um relatório do *Institute of Medicine* concluiu que não há um nível seguro de gorduras *trans* numa dieta, o que levou a

Food and Drugs Administration (*FDA*) a solicitar que todos os rótulos* de alimentos com informações nutricionais listem as gorduras *trans* até 1º de janeiro de 2006. Os norte-americanos podem consultar os rótulos de alimentos para verificar a presença de óleos "hidrogenados" ou "parcialmente hidrogenados": quanto mais alto na lista eles aparecerem, mais gorduras *trans* há no produto. Nós falaremos mais sobre a linguagem do rótulo dos alimentos no Capítulo 7.

(*) Nota:

A rotulagem nutricional se aplica a todos os alimentos e bebidas embalados na ausência do cliente. O conteúdo de gorduras *trans* é uma das informações nutricionais obrigatórias nos rótulos destes alimentos.

Informações recentes da *American Heart Association* indicam que a doença cardíaca causa cerca de 500.000 mortes anualmente e é a causa número um das mortes nos Estados Unidos. Então, a FDA está cogitando tornar obrigatória a informação sobre o conteúdo de ácidos graxos *trans* na rotulagem dos alimentos e na propaganda nutricional, em resposta à sua importância para a saúde pública. A tabela 3.1 ilustra quantidades de gorduras *trans* em alimentos comuns.

Irrefutavelmente, comer alimentos que contenham gorduras *trans* aumenta o risco para doença cardíaca devido à ação dessas gorduras vilãs sobre o colesterol. Os estudos têm mostrado que comer gorduras *trans* aumenta o LDL-colesterol enquanto reduz o HDL-colesterol. De fato, os efeitos da razão do LDL-colesterol para o HDL são o dobro dos ácidos graxos saturados, tornando essa gordura a mais perigosa que se conhece para o homem.

O *Nurses' Health Study* descobriu que as mulheres que comeram quatro colheres de chá de margarina em tablete diariamente, a qual libera 1,8 a 3,5 gramas dessa gordura não saudável, tiveram 50% de risco a mais para doenças cardíacas do que as mulheres que comeram margarina raramente.

Sete estudos recentes compararam os efeitos das gorduras *trans* (industrializadas) com outras gorduras que ocorrem normalmente na natureza. Esses estudos mostraram que as gorduras *trans* aumentam o nível de triglicérides quando comparadas a outras gorduras.

O *Nurses' Health Study* avaliou a presença de marcadores de inflamação no organismo em 823 mulheres e descobriu que a ingestão de alimentos que contenham gorduras *trans* aumenta a quantidade de proteína C-reativa, fator inflamatório mais associado às doenças cardíacas e diabetes.

Além disso, nove em cada dez avaliações mostraram que essas gorduras não saudáveis também aumentam os níveis de lipoproteína (a). Níveis elevados desse fator inflamatório aumentam o risco para numerosas doenças vasculares, incluindo doenças cardíacas e derrame.

DICAS HEALING GOURMET

Enquanto a FDA está solicitando aos fabricantes de alimentos o fornecimento de informações sobre o conteúdo de gordura *trans* nos alimentos, você pode caçar gorduras *trans* escondidas procurando por "óleos parcialmente hidrogenados" ou "gordura vegetal" nos rótulos dos alimentos para ajudar a reduzir o seu colesterol e o risco para doenças cardíacas, diabetes e síndrome metabólica. Escolha os óleos e produtos assados livres de gordura *trans*.

O Inimigo: Gordura Saturada

As gorduras saturadas estão presentes principalmente nas gorduras animais. As maiores fontes são carne vermelha, produtos de laticínios integrais (queijo, leite e sorvete), pele de ave e gema de ovo. Alguns alimentos vegetais também têm altos teores de gorduras saturadas, incluindo coco e óleo de coco, óleo de palma e óleo de semente de palma. Nos ácidos graxos saturados, cada um dos átomos de carbono da cadeia está ligado a dois átomos de hidrogênio e outros dois carbonos. Dessa forma, todas as ligações disponíveis para o hidrogênio estão preenchidas ou "saturadas" com hidrogênio (por isso o nome), não havendo espaço para as duplas ligações.

As gorduras saturadas aumentam os níveis de colesterol total (ambos LDL e HDL) e também os triglicérides, sendo um fato conhecido há muito tempo. Os tipos de gorduras consumidas e o risco de doenças foram observados em dezesseis grupos populacionais de sete países. Os pesquisadores descobriram que a presença de gordura saturada na dieta está inegavelmente ligada ao risco para doença cardíaca. As gorduras saturadas também têm efeitos negativos sobre a função da insulina. À medida que consumimos gorduras saturadas, elas são armazenadas nas células como triglicérides, causando danos àquelas células.

Foi descoberto que as gorduras saturadas aumentam os níveis de lipoproteína (a) (discutido no Capítulo 1), um fator inflamatório que aumenta o risco para numerosas doenças vasculares incluindo doenças cardíacas e derrame.

Dicas Healing Gourmet

Opte por gorduras à base de vegetais, peixe, laticínios de baixos teores de gordura e prefira uma dieta à base de carne de ave, em vez de carne vermelha, carne processada ou laticínios com alto teor de gordura, para reduzir a gordura saturada que danifica o coração.

GORDURAS SAUDÁVEIS PARA O COLESTEROL

A ingestão das gorduras certas ajuda a elevar o seu HDL e a reduzir o LDL e os fatores inflamatórios associados ao desenvolvimento de doenças cardíacas e seus associados negativos (incluindo a síndrome metabólica). Vamos dar uma olhada nas deliciosas gorduras à base de plantas, as quais podemos desfrutar, a fim de ter um coração saudável.

A Amiga: Gordura Monoinsaturada

As gorduras monoinsaturadas (MUFAs) derivam de fontes vegetais, como azeitonas, nozes e abacates. As gorduras monoinsaturadas têm uma dupla ligação que permite que as cadeias de ácidos graxos sejam um pouco mais fluidas, fazendo-as líquidas à temperatura ambiente. As gorduras monoinsaturadas são mais conhecidas por sua habilidade em baixar os níveis do LDL-colesterol e aumentar o HDL, desde que façam parte de uma dieta saudável. Também descobriu-se que elas ajudam a manter o açúcar no sangue estável. As evidências sobre a dieta Mediterrânea também apóiam essa pesquisa, mostrando que o consumo de azeite de oliva rico em MUFAs ajuda a reduzir os processos inflamatórios e o risco de doenças.

Os alimentos contendo MUFAs também contêm um espectro de fitonutrientes que ajudam o coração, tais como fenóis, beta sitosterol e luteína. (No Capítulo 5, discutiremos como os componentes nos alimentos se associam para proteger a nossa saúde, um fenômeno chamado "sinergia".)

Dicas Healing Gourmet

Abasteça a sua despensa com nozes, pasta de amendoim, manteigas livres de gordura *trans*, azeite de oliva, óleo de canola e abacates, para gozar dos benefícios das MUFAs, que promovem a saúde. Troque os seus salgadinhos e *pretzels* por petiscos mistos incluindo pipocas estouradas em óleo de canola e amêndoas cruas.

A Amiga: Gordura Poliinsaturada

O corpo humano necessita de ácidos graxos e pode fabricar todos eles, menos os ácidos linolênico e linoléico. Esses ácidos graxos devem ser supridos pela dieta, daí o termo "ácidos graxos essenciais". Utilizados pelo corpo para manter a integridade das membranas celulares e fabricar substâncias tipo-hormônio que regulam a pressão sangüínea, a coagulação, a resposta imune, a função da insulina e lipídios sangüíneos, os ácidos graxos poliinsaturados (PUFA) são o lado da família das gorduras que deve ter um tratamento especial pelo seu impacto positivo sobre a saúde do coração. Como suas primas amistosas, as gorduras monoinsaturadas, os PUFAs são mais conhecidos por sua habilidade em reduzir os níveis do LDL-colesterol e aumentar o HDL quando são partes de uma dieta saudável.

Um estudo em 2005 desenvolvido pelo Departamento de Nutrição da *Harvard School of Public Health* avaliou a função de gorduras específicas e o risco de doenças cardíacas entre 78.778 mulheres que não possuíam doenças cardíacas e diabetes. Os pesquisadores descobriram uma relação inversa entre a ingestão de PUFAs na dieta e o risco de doença cardíaca, particularmente entre as mulheres mais jovens ou acima do peso. Vamos dar uma olhada em cada tipo e no seu papel nos níveis de colesterol e o risco de doenças cardíacas.

Ácidos Graxos Ômega-3. Os *ácidos graxos ômega-3*, também conhecidos por *ácido linolênico*, são ácidos graxos essenciais (EFAs) que vêm de ambas as fontes: vegetal e animal. Graças ao *ácido linolênico*, o corpo pode fabricar *ácido eicosapentanóico (EPA)* e *ácido docosahexanóico (DHA)*, os dois mais importantes ácidos presentes nos peixes.* As maiores quantidades de EPA e DHA são encontradas nos peixes de carne escura e rica em gordura, tais como o atum, anchova e salmão, que vivem em águas profundas e frias. O *ácido alfa-linolênico* é o outro ácido graxo essencial e é encontrado mais abundantemente no óleo de canola. Ele também é encontrado em sementes de linhaça e nozes. A soja também contém uma mistura de ácidos graxos ômega-3.

(*) Nota:

O ácido linolênico faz parte da família ômega 3, mas não é o único ácido graxo dessa família, entretanto, os outros ácidos graxos não são essenciais.

Numerosos estudos têm mostrado que as pessoas que ingerem alimentos ricos em ômega-3 têm taxas mais baixas de doenças cardíacas, e os cientistas estão começando a descobrir o porquê. Há várias razões pelas quais o peixe é realmente bom para o coração, desde a redução do LDL-colesterol e da proteína C-reativa até a elevação do HDL.

Um estudo de 2005 publicado no *Atherosclerosis* descobriu que o ácido graxo ômega-3 na dieta tem uma associação positiva com os níveis de HDL-colesterol nos homens, sugerindo que essa elevação do colesterol bom pode ser mais um dos seus benefícios de proteção ao coração.

Essas gorduras boas também podem proteger contra o desenvolvimento de doenças cardíacas nas mulheres com diabetes. Um estudo da *Harvard*, de 2003, observou 5.103 mulheres diagnosticadas com diabetes e descobriu que aquelas que comeram peixe rico em ômega-3 tiveram risco mais baixo para doenças cardíacas.

Um estudo de 2004 publicado no *Journal of Nutrition* descobriu que as gorduras ômega-3 ajudam a reduzir os fatores inflamatórios – incluindo a proteína C-reativa. De fato, as mulheres que ingerem mais gorduras ômega-3 em sua dieta tiveram os níveis 29% mais baixos de PCR.

Ácidos Graxos Ômega-6. Os *ácidos graxos ômega-6*, também conhecidos como *ácido linoléico*, são muito mais comuns na dieta americana e são encontrados no óleo de soja, óleo de açafrão, óleo de girassol, óleo de milho, gérmen de trigo, gergelim, assim como nas carnes vermelhas e processadas. Os ácidos graxos ômega-6 têm potentes efeitos na redução de colesterol. Entretanto, enquanto são uma parte importante do time de PUFAs que ajuda o coração, a ciência está mostrando que há um equilíbrio delicado quando se fala nessas "gorduras saudáveis" e que esses heróis da saúde também podem ter o seu lado obscuro.

Pesquisadores supõem que uma vez que os ácidos graxos ômega-6 são mais disponíveis e consumidos nos países ocidentais, e porque nossos ancestrais do Paleolítico consumiam os ácidos graxos ômega-3 e ômega-6 de maneira equilibrada, um desequilíbrio poderia influenciar negativamente os processos inflamatórios associados com as doenças cardíacas. Alguns estudos mostram que o excesso de ômega-6 pode promover alguns fatores inflamatórios. A proporção adequada de ômega-3 com relação ao ômega-6 em nossa dieta deve ser de dois para um, para se obter o máximo de benefícios para a saúde dos PUFAs. Assim, enquanto os PUFAs devem compor uma boa parte das gorduras em sua dieta, certifique-se de que esteja equilibrando os seus seis com os seus três.

Os Pratos com Peixe e o Mercúrio. Embora não haja dúvida de que incluir peixes em sua dieta irá liberar ácidos graxos essenciais protetores e vitaminas B, as pesquisas mostram que certos tipos de peixes podem conter perigosos níveis de mercúrio. Quase todos os peixes e moluscos contêm resíduos de *metilmercúrio*, um tipo de mercúrio encontrado na água que pode ser danoso, especialmente para fetos e crianças pequenas cujo sistema nervoso ainda está em desenvolvimento. O risco do mercúrio se localiza no tipo e na quantidade de alimentos marinhos consumidos. A *Food and Drug Administration* e a *Environmental Protection Agency (EPA)*, através de um aviso feito junto ao con-

Prescrição da Cozinha

Para melhorar a sua proporção dos ácidos graxos ômega-3 com relação ao ômega-6, dê os seguintes passos:

- Escolha o óleo de canola como um dos seus óleos quando cozinhar.
- Equilibre seu mix de petiscos, escolhendo nozes como fontes de gorduras ômega-3.
- Busque produtos alimentícios novos com ômega-3, inclusive ovos, pães e cereais.
- Experimente acrescentar farinha de semente de linhaça moída aos cereais matinais, vitaminas, pães e bolos.
- Inclua peixes de água fria, tal como salmão e atum, em sua dieta.

sumidor, alertam que as mulheres que estejam tentando engravidar, mulheres grávidas e mães que estejam amamentando e crianças pequenas devem evitar os tipos de peixes e moluscos com níveis mais altos de mercúrio e ingerir somente aqueles que tenham níveis mais baixos. Se você ingerir, regularmente, tipos de peixes que têm alto nível de metilmercúrio, a substância pode se acumular em seu sangue ao longo do tempo. Embora ele seja removido do corpo naturalmente, pode levar mais de um ano para os níveis caírem significativamente, motivo pelo qual as mulheres que estejam tentando engravidar devem evitar comer certos tipos de peixes.

Enquanto quase todos os peixes e moluscos contêm resíduos de metilmercúrio, peixes maiores que viveram por mais tempo contêm os maiores níveis de metilmercúrio, tendo em vista que ele se acumula ao longo do tempo. Evite comer tubarão, peixe-espada ou cavala, porque eles contêm altos níveis de mercúrio e oferecem o maior risco. Você deve comer até aproximadamente 340 gramas (duas porções médias) por semana de uma variedade de peixes e moluscos que tenham baixo teor de mercúrio. Nós oferecemos uma série de receitas que incorporam peixes no Capítulo 9. Quatro dos peixes mais comumente consumidos que têm baixo teor de mercúrio são camarão, atum *light* em lata, salmão e bagre africano. O atum albacora (branco) tem mais mercúrio do que o atum *light* em lata. Quando escolher suas porções de peixe ou moluscos, você pode comer até 170 gramas (uma porção média) de atum albacora por semana. Além disso, você deve verificar se existem avisos relativos à segurança de peixes pescados em lagos locais, rios e áreas costeiras. Se não houver aviso, coma até 170 gramas de peixe por semana que sejam pescados em águas locais, mas não consuma nenhum outro peixe durante aquela semana.

NEM TODOS OS CARBOIDRATOS SÃO PRODUZIDOS DA MESMA FORMA

Os carboidratos são produzidos pela fotossíntese nas plantas e são a fonte principal de energia imediata e liberada ao longo do tempo encontrada em plantas comestíveis, incluindo frutas, vegetais, grãos, legumes e bulbos. Os carboidratos têm uma função importante no funcionamento dos órgãos internos, sistema nervoso e músculos e são a melhor fonte de energia para resistência na prática de esportes porque eles proporcionam energia imediata e liberada ao longo do tempo. Esses componentes são necessários para regular o metabolismo da proteína e das gorduras assim como ajudam a combater infecções, promovem o crescimento e lubrificam as juntas.

Os carboidratos foram agrupados em duas categorias principais. Os carboidratos simples incluem os açúcares, tais como o açúcar das frutas (frutose), açúcar de milho ou de uva (dextrose ou glucose) e açúcar de mesa (sacarose); os carboidratos complexos incluem tudo o que é formado por três ou mais açúcares ligados. No sistema digestivo, os carboidratos são quebrados em moléculas de açúcar simples, que depois são absorvidas pela corrente sangüínea e usadas como energia. As evidências mostram que as escolhas dos carboidratos têm um grande impacto sobre as inflamações, o açúcar no sangue e os níveis de colesterol, tudo o que afeta o nosso risco para as doenças cardíacas.

Tradicionalmente, presume-se que os carboidratos complexos causem menor elevação na quantidade de açúcar no sangue do que os carboidratos simples. Entretanto, uma massa crescente de evidências contradiz essa idéia. De fato, o pão branco e as batatas são digeridos quase que imediatamente e convertidos em glicose, causando um aumento rápido do açúcar no sangue – refutando a teoria de que os carboidratos complexos são diferentes dos açúcares simples em termos de efeitos sobre os níveis de açúcar no sangue.

Índice Glicêmico *versus* Carga Glicêmica

Um novo sistema que tem sido abraçado por muitos da comunidade científica chamado *índice glicêmico* (IG) classifica os alimentos de acordo com a rapidez e a forma como eles aumentam os níveis de açúcar no sangue. Esse sistema nos dá uma indicação melhor de como os alimentos ricos em carboidratos afetam a saúde. Tem-se demonstrado que o IG de um alimento depende da velocidade de digestão e absorção dos carboidratos que ele apresenta, os quais são grandemente determinados pelas suas propriedades físicas e químicas. Tipicamente, as comidas com menos amido que gelatiniza – como as massas e aquelas que contenham alto nível de fibra solúvel, como grãos integrais de cevada, aveia e centeio – têm taxas mais lentas de digestão e valores de IG mais baixos. Um outro fator importante para os valores do IG é a proporção de um componente chamado *amilose* para uma fibra chamada *amilopectina*. Os alimentos com uma proporção de amilose/amilopectina alta – tais como legumes e arroz parbolizado (cozido rapidamente) – tendem a ter valores mais baixos, por causa da estrutura compacta da amilose, a qual abranda os efeitos das reações enzimáticas. De modo oposto, a amilopectina é um composto ramificado, o que a torna mais disponível ao ataque enzimático no corpo, promovendo a digestão. O uso do IG tem mostrado que muitos carboidratos complexos (tais como pão branco e batatas) causam reações endócrinas que se opõem à glicose pura, lançando dúvidas sobre a utilidade do sistema de classificação dos carboidratos: simples *versus* complexo.

O principal argumento contra o conceito do IG é o de que ele não pode contar a história inteira, uma vez que os níveis de açúcar no sangue são influenciados tanto pela quantidade como pela qualidade (taxas IG) do carboidrato. Em resposta a essa preocupação, o conceito de *carga glicêmica* (CG) foi introduzido. Definida como o produto do valor do IG de um alimento e seu conteúdo de carboidrato, a CG incorpora a qualidade e a quantidade de carboidrato consumido.

Com o pão branco (glucose) usado como o padrão de referência para a carga glicêmica, a CG alimentar quantifica o potencial de aumento de glucose dos carboidratos alimentares, com cada unidade de CG alimentar representando o efeito glicêmico equivalente a 1 grama de carboidrato proveniente do pão branco. Em geral, os alimentos ricos em carboidrato, com baixo conteúdo de fibras, incluindo as batatas, cereais refinados e seus produtos, e muitas bebidas adoçadas com açúcar, têm alto IG e altos valores de CG; enquanto grãos integrais, frutas e vegetais com alto conteúdo de fibras proporcionam taxas de CG baixas a muito baixas por porção. Deve ser registrado, entretanto, que muitos alimentos com IG baixo não são necessariamente ricos em fibras (ex.: massas, arroz beneficiado e produtos de laticínio), enquanto alguns pães integrais e produtos à base de cereais (como farinha de aveia instantânea) ricos em fibras apresentam IG alto.

Valiosas pesquisas nos últimos anos têm proporcionado uma visão adicional sobre como os carboidratos afetam o sistema endócrino, a produção de insulina, os processos inflamatórios, a fome, o comer em excesso, o ganho de peso e as doenças cardíacas. Enquanto o índice glicêmico é uma ferramenta importante que tem proporcionado essa percepção, a pesquisa continua.

Carboidratos Refinados *versus* Integrais

Você pode estar acostumado com os carboidratos complexos *versus* simples, mas agora a ciência se moveu em direção à classificação de carboidratos em "integrais" ou "refinados". Quando a refinação da farinha de trigo, moendo-o e descartando o farelo e o gérmen, se tornou uma prática comum, os consumidores perderam uma miríade de nutrientes que protegem a saúde. Nos anos 1940, o Congresso Americano aprovou uma legislação que exigiu que todos os produtos de grãos que cruzam os limites do estado sejam enriquecidos com ferro, tiamina, riboflavina e niacina. Em 1996, essa legislação foi emendada para incluir o folato, devido à sua importante função na prevenção de defeitos congênitos. Embora o enriquecimento – o processo de adicionar nutrientes a um alimento para alcançar o padrão específico – restaure e aumente muitos dos nutrientes perdidos durante a refinação, recentes pesquisas mostram que as conseqüências para a saúde não podem ser compensadas pela adição de nutrientes individuais num produto de grão refinado, por uma série de razões.

Primeira, removendo o gérmen e o farelo de um grão, naturalmente um alimento de baixo IG se torna um de alto IG. A cobertura fibrosa serve para deixar a digestão mais lenta, mantendo o açúcar do sangue em um nível equilibrado. Também, a área da superfície é aumentada nos produtos de grão refinado, aumentando os processos das enzimas digestivas.

Segunda, muitos nutrientes nas camadas do gérmen e no farelo não são adicionados de volta ao produto de grão refinado, ou o corpo os absorve pobremente. Isso é especialmente verdade para os minerais, que também não são absorvidos dos alimentos enriquecidos como o seriam das fontes onde ocorrem naturalmente.

Terceira, a "nova fronteira nutricional" ainda está em sua infância e nós ainda temos de identificar todos os componentes protetores da saúde em todos os alimentos. Quando nós alteramos um alimento do seu estado natural – refinando-o, por exemplo –, podemos estar removendo um coquetel de fitonutrientes e outros componentes que nos protegem das doenças.

Os carboidratos refinados, que são desprovidos de suas virtuosas camadas de gérmen e farelo, dão má reputação a um bom grupo de alimentos. A pura verdade é que, quando a integridade dos grãos integrais é preservada, os efeitos sobre a saúde não são nada pequenos em termos de benefícios.

COMO AS ESCOLHAS DOS CARBOIDRATOS AFETAM O SEU CORAÇÃO E OS SEUS NÍVEIS DE COLESTEROL

Com toda esta conversa sobre insulina e açúcar no sangue, você pode estar se perguntando: "O que isso tem a ver com o colesterol e o meu risco de doenças cardíacas?" A resposta é *tudo*! Grandes estudos têm provado que o açúcar no sangue é um indicador independente para a previsão de doenças cardíacas em pessoas sem diabetes. O índice glicêmico e a carga glicêmica estão associados aos fatores de risco para doenças cardíacas, incluindo o HDL-colesterol, triglicérides e proteína C-reativa, sem mencionar o ganho de peso.

Os alimentos com alto índice glicêmico e a alta carga glicêmica estão associados com níveis mais baixos de HDL-colesterol e triglicérides elevado, ambos fatores de risco para doenças cardíacas.

Um estudo de 2002 publicado no *Diabetes Care* avaliou os efeitos de uma dieta com baixo IG sobre os lipídios do corpo em homens sem diabetes. O estudo descobriu que, depois de cinco semanas, a dieta com baixo IG tinha reduzido os níveis de colesterol, lipoproteínas e a gordura do corpo, ajudando a baixar o risco para doenças cardíacas.

O *Third National Health and Nutrition Examination Survey* usou informações de 13.907 participantes para determinar os efeitos dos alimentos com alto índice glicêmico e alta carga glicêmica nos níveis de colesterol. O estudo descobriu que ingerir alimentos com alto IG e alta CG reduziu os níveis do HDL saudável entre os participantes.

De maneira semelhante, o *Nurses' Health Study* avaliou o IG e a CG pelos seus efeitos nos níveis de triglicérides em mulheres que tinham entrado na menopausa. O estudo descobriu que uma dieta alta em CG é um fator no desenvolvimento de doenças cardíacas, particularmente entre as mulheres que têm tendências à resistência a insulina.

As Escolhas dos Carboidratos e a Inflamação

No Capítulo 1, nós discutimos alguns fatores inflamatórios que têm um papel no desenvolvimento das doenças cardíacas. Pesquisas recentes têm mostrado que os tipos de carboidratos que escolhemos têm um impacto no aumento ou diminuição desses fatores nocivos para o coração. Vamos dar uma olhada nas pesquisas.

Foi descoberto que os alimentos com alta carga glicêmica aumentam os níveis da proteína C-reativa nas mulheres. Um artigo de 2005 na *Med Hypotheses* relata que as mulheres que adotaram uma dieta com baixa CG, alimentos integrais, vegetariana e rica em fibra solúvel viram uma redução de 28% nos níveis de PCR. (Aprenda mais sobre as fibras na página 56.)

Um estudo realizado em 2004 e publicado no *JAMA* avaliou diferentes dietas e seus efeitos sobre adultos jovens acima do peso ou obesos (de idades entre dezoito e quarenta anos). No final do estudo, os participantes com a dieta de baixa carga glicêmica relataram baixos níveis de proteína C-reativa, triglicérides e pressão sangüínea reduzidos, assim como menos fome.

As Escolhas dos Carboidratos e o Seu Peso

Conforme mencionado no Capítulo 1, o excesso de peso tende a aumentar o nosso nível de LDL-colesterol. Quase todos os estudos realizados avaliando os efeitos dos carboidratos sobre o apetite mostraram que os alimentos com baixas taxas de IG/CG produzem uma sensação de saciedade, ou satisfação, por um período de tempo mais longo do que os seus oponentes, com alto IG/CG. Dessa forma, as suas escolhas de carboidratos podem ser um fator dentro do controle do seu peso e da manutenção do controle dos seus níveis de colesterol.

Ainda, por causa do seu alto conteúdo de fibras e água, os alimentos integrais contêm menos calorias por grama do que a mesma quantidade de alimentos refinados. O *Nurses'*

Health Study mostrou que as mulheres com maior aumento na ingestão de grãos integrais ganharam uma média de 1,52 quilogramas menos do que aquelas com menor aumento na ingestão de alimentos com grãos integrais. Além disso, as mulheres que tiveram consumo de grãos integrais mais alto tiveram a redução de 49% no risco de maior ganho de peso do que as mulheres com consumo mais alto de grãos refinados. Os pesquisadores acreditam que os efeitos da elevação de insulina apresentados pelos alimentos com alto IG promovem ganho de peso através do redirecionamento dos nutrientes da utilização pelos músculos e em direção ao armazenamento nas células de gordura.

OS CARBOIDRATOS NA COZINHA

Agora que atingimos o estágio para compreender como os carboidratos afetam o seu colesterol e o risco para doenças cardíacas, vamos colocar esse conhecimento em prática! Enquanto certos vegetais e frutas, tais como a melancia e as cenouras, ocupam posições mais altas na escala de IG (conforme vemos na tabela 3.2), elas não devem ser evitadas por causa da sua abundância em fitonutrientes, fibras e outros nutrientes. Entretanto, tenha por objetivo armazenar em sua despensa alimentos com moderado IG (Tabela 3.3) e baixo IG (Tabela 3.4) e aprecie-os sempre. Nós mostraremos como é fácil tornar mais claras as suas ações com relação aos carboidratos e forneceremos parcerias práticas para obter os seus carboidratos e gorduras saudáveis, deliciosamente.

Pequenas mudanças podem ter um grande impacto sobre a sua saúde. A lista que começa na página 54 oferece algumas sugestões úteis para substituir os carboidratos, que

Tabela 3.2 Alimentos com Alto IG (>69)

Produto	Alimento
Arroz, grãos e massas	Arroz com baixa amilose
Cereais para café da manhã	Flocos de arroz Flocos de milho Cereais Matinais
Confeitaria	Balas Jujubas *Skittles*
Frutas e Vegetais	Batatas Cenouras Melancia Nabo
Pães e padaria	Pão branco Pão francês Pão integral *Pretzels*

Tabela 3.3 Alimentos com IG Moderado (55-69)

Produto	Alimento
Arroz, grãos e massas	Arroz branco Arroz integral Espaguete Pipoca
Cereais para café da manhã	Creme de trigo Farinha de aveia instantânea Musli
Frutas e Vegetais	Abacaxi Banana
Laticínios	Sorvete (com leite integral)
Pães e padaria	Fermento Pão árabe Pão de cevada Pão de gergelim Pão de trigo integral

ocupam posições mais altas no índice glicêmico, por algumas alternativas com IG mais baixo.

- Em vez de pão branco, experimente pão de centeio ou preto, pães integrais.* Os pães da *Peperidge Farm Whole Grain* são uma excelente escolha, proporcionando grãos integrais e sem gorduras *trans*.
- Em vez de arroz branco, experimente arroz basmati ou *Lundberg*, arroz parbolizado ou cuscuz.
- Em vez de cereais adoçados para o café da manhã, experimente musli, aveia, farelo de cereal ou cereais matinais integrais, ricos em fibras e proteínas. Nós gostamos dos produtos *Heart to Heart da Kashi* (essa marca não é comercializada no Brasil) pelas suas fibras solúveis, antioxidantes, vitaminas B e grãos integrais, é claro.
- Em vez de batatas, experimente feijões ou massas integrais. Nós gostamos do *Barilla PLUS* multigrãos (no Brasil, pode-se substituir por diversas marcas de massas integrais) que também fornece proteína, fibra e gorduras ômega-3.
- Em vez de biscoito *cream cracker* comum, experimente biscoito integral de centeio ou trigo integral. Experimente biscoitos integrais.
- Em vez de bolos comuns, bolos ou pães doces *light*, experimente bolos de fibras ou de misturas de grãos integrais.

(*) Nota:

No Brasil existem inúmeras marcas de pães confeccionados com grãos integrais. Confira a quantidade de calorias, o conteúdo de fibras e o tipo de ingredientes usados na confecção dos mesmos, checando as informações nutricionais contidas no rótulo.

Aqui estão algumas sugestões da *Healing Gourmet* de alimentos que darão a você a dose diária daquelas gorduras e carboidratos bons, sem sacrificar o paladar. Para mais idéias, veja as seções de receitas e planos de refeições e visite nosso *website*, healinggourmet.com.

Tabela 3.4 Alimentos com Baixo IG (<55)

Produto	Alimento
Arroz, grãos e massas	Arroz de grão longo Arroz integral Espaguete Pipoca
Cereais para café da manhã	All Bran Aveia (tradicional) Musli Cereais à base de *psyllium*
Frutas e Vegetais	Batatas-doces *Grapefruit* ou Toranja Kiwi Laranjas Maçãs Peras Pêssegos Uvas
Laticínios	Iogurte, baixa gordura, frutas Leite de soja Leite integral
Pães e padaria	Mix de grãos integrais Pão de centeio

- Pão preto alemão de trigo, da *Pepperidge Farm*, com pasta de amendoim natural para grãos integrais, PUFAs e legumes de baixo IG.
- Biscoitos de centeio escuro com patê de tahine integral e legumes com baixo IG e MUFAs.
- Salmão grelhado e arroz *Lundberg Wehani* para ômega-3 e grãos integrais.*
- Iogurte de ameixa ou natural e semente de linhaça triturada para carboidratos de baixo IG e ômega-3.

(*) Nota:

No Brasil pode-se encontrar arroz orgânico ou arroz arbóreo integral.

O BANQUETE DAS FIBRAS: QUANTO MAIS, MELHOR

Uma das propriedades que ajudam o coração presente nos grãos integrais e nos alimentos ricos em carboidratos é a sua abundância em fibras, um importante componente não nutritivo que ajuda a varrer o colesterol para fora do corpo e a manter o açúcar no sangue equilibrado.

Há duas cartegorias gerais de fibras: solúveis e insolúveis. As fibras solúveis, as quais são digeridas facilmente, podem ser divididas em três tipos principais: as *pectinas* (encontradas nos vegetais de raiz, repolho, maçãs, farelo de trigo integral e feijões), *gomas* (que podem ser obtidas da farinha de aveia, feijões secos e outras leguminosas) e *mucilagens* (que são sintetizadas por células de vegetais e podem ser encontradas como aditivos em alimentos industrializados).

Há, também, uma série de tipos de fibras insolúveis. Uma é a *celulose*, que pode ser encontrada no repolho, ervilhas, maçãs, vegetais de raiz, farinha de trigo integral, feijões e farelo de trigo. Outra é a *hemicelulose*, que é encontrada nos farelos, cereais e grãos integrais. A *lignina*, encontrada mais abundantemente na semente de linhaça, é um fitonutriente que trabalha de forma muito semelhante à fibra insolúvel. A fibra é classificada, na realidade, como carboidrato. (Nos Estados Unidos, o total de carboidratos listados nos rótulos de alimentos incluirá as fibras alimentares, embora sejam listadas separadamente.) As fibras insolúveis são importantes para regular as funções gastrointestinais e manter o cólon limpo.

As pesquisas confirmam, e essa é a posição da *American Dietetic Association*, que a fibra é um elemento importante na redução do colesterol e na prevenção das doenças cardiovasculares. A fibra solúvel em água, em particular, é benéfica para pessoas preocupadas em reduzir os níveis de colesterol e prevenir as doenças cardíacas por uma série de razões importantes.

- Ela absorve o excesso de ácidos biliares no trato intestinal, o qual é convertido em colesterol pelo corpo.
- Ela torna o esvaziamento do estômago mais lento, causando uma sensação de saciedade que é útil para alcançar ou manter um peso saudável.

Fibras, Doenças Cardíacas e a Proteína C-reativa

Um estudo de *Harvard* descobriu que o ganho de peso entre 74.091 enfermeiras estava associado não ao consumo de alimentos com alto teor de fibras e integrais mas à ingestão de alimentos de grãos refinados. A ingestão de grande quantidade de fibras alimentares tem sido ligada à redução do risco de doenças cardíacas em um grande número de estudos que acompanharam pessoas durante muitos anos. Em um estudo da *Harvard*, de mais de quarenta mil homens profissionais da saúde, os pesquisadores descobriram que a ingestão de um alto teor de fibras alimentares estava ligada a um risco 40% mais baixo de doença cardíaca coronariana, comparada à ingestão de baixo teor de fibras. No *Nurses' Health Study*, que envolveu aproximadamemte sessenta e nove mil mulheres numa investigação de acompanhamento por dez anos, os pesquisadores descobriram que as fibras obtidas com a ingestão de cereais, hortaliças e frutas reduziu o risco de DCC. O aumento do consumo de cereais em grãos proporcionou o maior benefício.

Ainda, um estudo recente desenvolvido no *Centers for Disease Control and Prevention* examinou a associação entre fibras alimentares e a concentração no soro de proteína C-reativa. Utilizando os dados da *National Health and Nutrition Examination Survey 1999-2000*, que avaliou as dietas de 3.920 participantes, o estudo concluiu que as fibras alimentares ingeridas estavam inversamente associadas com a concentração no soro da PCR.

A proteína C-reativa (PCR) é uma das proteínas plasmáticas presentes na fase aguda de um processo inflamatório. Está presente em pequenas quantidades no sangue de pessoas normais, mas sua concentração pode aumentar cem ou mil vezes na vigência de processos inflamatórios. Com a recente descoberta de componentes inflamatórios na arteriosclerose, a PCR foi proposta como indicador de risco para doença coronariana e acidentes vasculares cerebrais.

Obtendo fibras em sua Dieta

A *American Diabetes Association (ADA)* recomenda de 20 a 35 gramas de fibras, diariamente, para todos os adultos. O programa *Therapeutic Lifestyle Changes (TLC)* sugere que as pessoas com altos níveis de colesterol podem beneficiar-se com 10 a 25 gramas de fibras *solúveis* diariamente. Nem todos os rótulos separam as fibras em solúveis e insolúveis, de forma que é importante ingerir uma ampla variedade de alimentos ricos em fibras para obter um bom equilíbrio. Na Tabela 3.5 resumimos as fontes de fibras.

- ♥ Prefira frutas frescas ou vegetais a sucos.
- ♥ Coma a casca e o bagaço de frutas e vegetais higienizados.
- ♥ Escolha cereais e pães feitos com farelos e grãos integrais e cereais, diariamente.

Tabela 3.5 Conteúdo de Fibras de Alimentos Selecionados

Alimento	Total (g)	Solúvel (g)	Insolúvel (g)
CEREAIS EM GRÃOS			
Arroz branco (1/2 xícara, cozido)	0,2	0	0,2
Arroz marrom (1/2 xícara, cozido)	1,7	0,1	1,6
Arroz selvagem (1/2 xícara, cozido)	1,5	0,2	1,3
Bulgur (1/2 xícara, cozido)	2,9	0,5	2,4
Cevada (1/2 xícara, cozida)	4,2	0,9	3,3
Cuscuz (1/2 xícara, cozido)	1,3	0,3	1,0
Millet (1/2 xícara, cozido)	3,3	0,6	2,7
Noodles (espaguete branco)	0,9	0,4	0,5
Noodles (espinafre 1/2 xícara)	0,9	0,4	0,5
Noodles (trigo integral)	2,3	0,5	1,8
CEREAL (1 xícara)			
All Bran	10,0	1,0	9,0
Aveia	3,8	1,8	2,0
Cheaerios	2,6	1,2	1,4
Farina	1,2	0,5	0,7

Flocos de Milho	0,7	0	0,7
Grits, milho	0,4	0	0,4
Raisin Bran (tipo de cereal que não existe no Brasil)	8,4	1,2	7,2
FRUTAS FRESCAS			
Abacaxi (1/2 xícara)	1,0	0,1	0,9
Ameixa (grande)	1,7	0,9	0,8
Ameixa seca (3 médias)	1,9	1,0	0,9
Amora selvagem (1/2 xícara)	3,8	3,1	0,7
Banana (18 cm de comprimento)	2,8	0,7	2,1
Blueberry (1/2 xícara)	1,9	0,2	1,7
Cerejas (1/2 xícara, fresca)	1,7	0,5	1,2
Figo (3 pequenos)	5,3	2,3	3,0
Framboesa (1/2 xícara)	4,2	0,4	3,8
Grapefruit (metade, 10 cm de diâmetro)	1,5	1,2	0,3
Kiwi (grande)	3,1	0,7	2,4
Laranja (8 cm de diâmetro)	4,4	2,6	1,8

(continua)

Tabela 3.5 Conteúdo de Fibras de Alimentos Selecionados

FRUTAS FRESCAS			**(continuação)**
Alimento	**Total (g)**	**Solúvel (g)**	**Insolúvel (g)**
Maçã (8 cm de diâmetro)	5,7	1,5	4,2
Manga (média)	3,7	1,5	2,2
Melão (1/5 de 15 cm de diâmetro)	0,7	0,2	0,5
Molho de maçã (1/2 xícara)	1,6	0,5	1,1
Morango (1/2 xícara)	1,9	0,5	1,4
Pêra (8 cm de diâmetro)	4,0	2,2	1,8
Pêssego (médio)	3,2	1,3	1,9
Suco (laranja, 170 g)	0,4	0,2	0,2
Suco (maçã, 170 g)	0,2	0,1	0,1
Uva passa (1/4 de xícara)	1,5	0,4	1,1
Uvas (1/2 xícara)	0,8	0,3	0,5
LEGUMES			
Feijão branco (1/2 xícara, cozido)	5,8	2,2	3,6
Feijões do norte (1/2 xícara)	5,6	1,4	4,2

Feijão rajado (1/2 xícara, cozido)	7,4	1,9	5,5
Feijão roxo (1/2 xícara, cozido)	5,8	2,9	2,9
Grão-de-bico (1/2 xícara)	6,2	1,3	4,9
Soja (1/2 xícara, cozida)	5,1	2,3	2,8
Tofu (1/2 xícara)	1,4	0,9	0,6
MIX DE VEGETAIS e VEGETAIS CONGELADOS (1/2 xícara)			
Abóbora (abóbora de pescoço, 1/2)	1,7	0,7	1,0
Abóbora (purê, 1/2 xícara)	3,6	0,5	3,1
Abobrinha (1/2 xícara, cozida)	3,3	1,9	1,4
Abobrinha (1/2 xícara, cozida)	1,2	0,5	0,7
Batata (com casca, média)	2,9	1,2	1,7
Batata (purê, 1/2 xícara)	1,6	0,9	0,7
Batata-doce (1/2 xícara)	3,8	1,4	2,4
Brócolis/couve-flor	1,5	0,6	0,9
Brócolis/pimenta/cogumelos	1,8	0,7	1,1
Castanha (1/2 xícara)	1,2	0,9	1,3

(continua)

Tabela 3.5 Conteúdo de Fibras de Alimentos Selecionados

MIX DE VEGETAIS e VEGETAIS CONGELADOS (1/2 xícara)			(continuação)
Alimento	**Total (g)**	**Solúvel (g)**	**Insolúvel (g)**
Cebola (1/2 xícara, cozida)	2,0	1,2	0,8
Cogumelo (cozido, em fatias)	1,8	0,2	1,6
Ervilhas (1/2 xícara, cozidas)	4,3	1,2	3,1
Ervilhas/cenouras	2,5	0,9	1,6
Espinafre (1/2 xícara, cozido)	2,7	0,5	2,2
Espinafre (1 xícara, cru)	0,4	0,1	0,3
Feijão fava/milho	4,9	1,8	3,1
Milho/feijão vagem/cenouras	4,0	1,9	2,1
Pimenta (verde/vermelha, 1/2 xícara)	1,3	0,5	0,8
Tomate (médio, cru)	0,9	0	0,9
PÃES (uma fatia média)			
Árabe (diâmetro de 18 cm, trigo)	4,4	0,7	3,7
Branco ou com fermento	0,7	0,4	0,3
Centeio	1,5	0,8	0,7

Cevada	1,5	0,8	0,7
Multigrãos	1,8	0,3	1,5
Tortilla (15 cm de diâmetro, simples)	1,4	0,2	1,1
Tortilla (20 cm de diâmetro, simples)	1,4	0,4	1,0
Trigo integral	1,9	0,3	1,6
PETISCOS			
Pipoca (*light*, 3 xícaras)	2,3	0	2,3
Pipoca (microondas, 3 xícaras)	2,4	0	2,4
VEGETAIS			
Aipo (1 talo grande)	1,1	0,4	0,7
Alcachofra (média, cozida)	6,5	4,7	1,8
Alface (americana, 1 xícara)	0,8	0,1	0,7
Alface (romana, 1 xícara)	0,9	0,3	0,6
Aspargos (cozidos)	1,4	0,7	0,7
Beterraba (1/2 xícara, cozida)	1,5	0,7	0,8
Berinjela (1/2 xícara, cozida)	1,3	0,4	0,9

(continua)

Tabela 3.5 Conteúdo de Fibras de Alimentos Selecionados

VEGETAIS			(continuação)
Alimento	**Total (g)**	**Solúvel (g)**	**Insolúvel (g)**
Brócolis (cozidos)	1,4	1,2	1,2
Brócolis (1/2 xícara, cru)	1,3	0,5	0,8
Bok choy (tipo de acelga) (1/2 xícara)	1,4	0,5	0,9
Cenouras (*baby*, 6)	2,8	1,4	1,4
Cenouras (1/2 xícara, cozidas)	1,6	1,1	1,5
Chiles (pimenta forte, crua)	3,0	1,5	1,5
Couve-de-bruxelas (1/2 xícara)	3,3	2,0	1,3
Couve-flor (1/2 xícara)	1,7	0,4	1,3
Couve-flor (1/2 xícara, crua)	1,3	0,5	0,8
Feijões (1/2 xícara, cozidos)	1,9	0,8	1,1
Jicama (1/2 xícara, cru)	3,2	1,7	1,5
Milho (1/2 xícara)	2,0	0,3	1,7
Repolho (roxo picado)	0,8	0,3	0,5
Repolho (verde, cozido)	1,8	0,8	1,0
Verduras frescas (1/2 xícara, cozidas)	0,4	0,1	0

- Quando você aumenta o consumo de fibras, deveria também aumentar a quantidade de água que bebe.
- Coma menos alimentos processados e mais alimentos frescos, pois o processamento sempre remove as fibras.
- Tente obter as fibras dos alimentos, dê preferência a suplementos de fibras, uma vez que os alimentos são mais nutritivos e fornecem uma gama de fitonutrientes que promovem a saúde.

AME OS LEGUMES

A prova de que os feijões reduzem o colesterol e protegem contra as doenças cardíacas é tão forte que nós estamos dedicando uma seção para levar você a *amar os legumes*! Os feijões são um alimento de baixo teor glicêmico e uma excelente fonte de fibras, o que faz deles uma escolha sábia para as pessoas preocupadas com o controle do peso e com as doenças cardíacas.

Os feijões liberam açúcar, vagarosamente, na corrente sangüínea assegurando que o açúcar do sangue esteja estável. As fibras insolúveis dos feijões levam o corpo a produzir mais receptores para a insulina – pequenos "encaixes" aos quais as moléculas de insulina se ligam –, significando que mais insulina entra nas células onde ela é necessária e menor quantidade fica na corrente sangüínea, onde pode causar problemas. O baixo índice glicêmico dos feijões tem sido atribuído a muitos fatores, incluindo as suas fibras e seu conteúdo de tanino e ácido fítico. Os feijões também ajudam a manter baixo o colesterol, graças aos seus componentes, incluindo as saponinas e os fitoestrogênios.

As saponinas são componentes naturalmente encontrados nos legumes. Esses componentes combinam-se com os lipídios como se fossem uma espécie de sabão e carregam o colesterol para fora do corpo. As saponinas diminuem os lipídios do sangue, diminuem o risco de câncer e reduzem o açúcar no sangue.

Descobriu-se que os *fitoestrogênios*, incluindo as isoflavonas, encontrados principalmente na soja, reduzem o colesterol e melhoram o controle da glicose e a resistência à insulina. Os pesquisadores acreditam que esses componentes modulam a secreção de insulina do pâncreas e também atuam como antioxidantes.

Recomendação da Cozinha

Experimente a nossa receita "Feijões e Arroz à N'Orleans" do Capítulo 9 como uma deliciosa salada de entrada estilo Bayou, que satisfaz sem aumentar o seu peso. Você está a fim de alguma coisa estimulante? Então, experimente o nosso "Caribbean Black Beans and Rice" (Feijões pretos e arroz à moda caribenha). Seja feliz com feijões!

Agora que você tem algumas idéias para balancear as gorduras boas e más e os carboidratos, e mais, obtendo uma dose saudável de fibras e aprendendo a amar os legumes, é hora de olhar para os benefícios do aumento da ingestão de antioxidantes e fitonutrientes, assim como as maneiras de incorporar esses alimentos importantes em sua dieta saudável para o coração.

Capítulo 4

ANTIOXIDANTES, FITONUTRIENTES E OUTROS NUTRIENTES REDUTORES DO COLESTEROL

Junto com as vitaminas e minerais que ajudam a proteger contra as doenças cardíacas, milhares de fitonutrientes nos alimentos estão tendo uma atenção especial por suas honráveis ações como defensores de nossa saúde. Cada um com sua função única, esses componentes trabalham juntos para manter os níveis de colesterol em equilíbrio e reduzem o risco para doenças cardíacas. Neste capítulo discutiremos a arrumação dos nutrientes redutores do colesterol e sua posição na prevenção das doenças cardiovasculares.

DEFESA CONTRA RADICAL LIVRE

Os radicais livres fazem cerca de dez mil ataques às células do nosso corpo todos os dias. Essas moléculas instáveis de oxigênio perderam um elétron e – como um inimigo traiçoeiro – movem-se rapidamente pelo campo de batalha (nosso corpo), tentando roubar elétrons de outras moléculas. Esse processo, por sua vez, cria mais radicais livres, deixando um rastro de células danificadas. Alguns radicais livres surgem com freqüência no metabolismo normal, mas fatores ambientais como poluição, má escolha de alimentos, radiação, cigarro e herbicidas também podem gerar radicais livres.

Nossa linha de defesa, incluindo nosso sistema imunológico e antioxidantes produzidos pelo fígado (tais como a glutationa e o superóxido dismutase), precisa de combustível de fontes externas para vencer esse adversário que rouba a nossa saúde. Perfeitamente simples, o combustível é o alimento e as boas decisões alimentares aumentam as vantagens de uma vitória contra os danos causados pelos radicais livres.

Os Perigos do LDL-colesterol Oxidado

Muito semelhante ao metal enferrujado de um carro, a oxidação do LDL-colesterol tem seu papel nas doenças cardíacas. A lipoproteína de baixa densidade oxidada constrói depósitos nas artérias e aumenta o risco de doenças cardíacas, a causa mestra que leva à morte prematura entre as pessoas com diabetes. Como os jogadores de um time, cada antioxidante exerce uma função especial na proteção das células e órgãos contra os danos causados pelos oxidantes. Então, é importante incluir todos os jogadores em nossa dieta para ganhar o jogo contra a diabete. Vamos dar uma olhada em algumas das superestrelas que você deveria ter em sua preparação inicial.

As Superestrelas Antioxidantes

Graças à dedicação de pesquisadores e à evolução da tecnologia, estamos aptos para mensurar os níveis de antioxidantes em alimentos específicos, ajudando-nos a identificar os jogadores-estrelas para serem incluídos em nossa dieta. Lembre-se, a digestão, a absorção e os métodos usados para cozinhar têm papéis na quantidade de antioxidantes nos alimentos, então certifique-se de que fará mudanças e manterá a sua dieta variada. A Tabela 4.1 resume os vinte alimentos mais importantes que são fontes de antioxidantes. Você terá informações sobre esses fitonutrientes responsáveis por essas ações de combate aos radicais livres na próxima seção.

Tabela 4.1 Os vinte alimentos mais importantes que são fontes de antioxidantes

Classificação	Alimento	Tamanho da porção	Total da Capacidade de Antioxidantes por Porção
1	Feijões vermelhos pequenos (secos)	½ xícara	13.727
2	*Blueberries* silvestres	1 xícara	13.427
3	Feijões vermelhos (secos)	½ xícara	13.259
4	Feijão rajado	½ xícara	11.864
5	*Blueberries* (cultivados)	1 xícara	9.019
6	*Blueberries*	1 xícara (inteiras)	8.983
7	Alcachofras (cozidas)	1 xícara (miolo)	7.904
8	Amoras	1 xícara	7.701
9	Ameixas secas	½ xícara	7.291
10	Framboesas	1 xícara	6.058
11	Morangos	1 xícara	5.938
12	Maçãs vermelhas	uma	5.900
13	Maçãs verdes	uma	5.381
14	Nozes pecan	28,4 g	5.095
15	Cerejas	1 xícara	4.873
16	Ameixas pretas	uma	4.844
17	Batata (cozida)	uma	4.649
18	Feijão preto (seco)	½ xícara	4.181
19	Ameixas	uma	4.118
20	Maçãs gala	uma	3.903

RECOMENDAÇÃO DA COZINHA

Muitos fatores afetam os níveis de antioxidantes nos alimentos, incluindo o método de cozimento. Alguns antioxidantes, tal como a vitamina C, são solúveis em água, enquanto outros, como os licopenos e outros carotenóides, são solúveis em lipídios ou gordura. Geralmente, os antioxidantes solúveis em lipídios são mais bem absorvidos pelo organismo quando cozidos e consumidos com um pouco de gordura (óleo), enquanto os solúveis em água são melhores frescos, uma vez que o cozimento destrói seus componentes ou eles se perdem na água. Por exemplo, cozinhe as cenouras com um pouco de azeite de oliva para maximizar a absorção dos carotenóides e cozinhe levemente os brócolis no vapor (em vez de fervê-los) para manter aqueles nutrientes solúveis em água nos talos e não deixá-los para trás na panela.

Combustível de *fitonutrientes*: Uma passagem limpa

Muito da boa fama dos antioxidantes é devida a pequenos componentes chamados *fitonutrientes*, encontrados nas frutas, nos vegetais, legumes e grãos que comemos. Esses *fitonutrientes* (*fitos* significa planta) protegem as plantas contra condições climáticas adversas e insetos famintos, e até curam os machucados feitos pelas mordidas de lagartas. Com seus próprios mecanismos de defesa, os alimentos vegetais estão prontos para proteger-se contra predadores famintos ou contra os fungos.

Esse sistema de proteção das plantas – essencialmente antioxidantes e fitonutrientes – não só serve como defesa, mas também para fornecer as cores vibrantes e os deliciosos sabores de nossos alimentos. De maneira interessante, a distinção das cores é uma característica somente dos seres humanos e de poucas espécies de primatas. Então, os alimentos mais atraentes para os nossos olhos também são os mais atraentes para o nosso corpo, para prevenir e tratar as doenças.

Não deveria causar surpresa o fato de que as frutas e os vegetais com níveis mais altos de antioxidantes produzem alimentos que permanecem frescos por períodos de tempo mais longos (vida nas prateleiras) com menos risco de bolor. Esses alimentos têm mais condições de se preservar e se proteger e, quando damos uma mordida, nos tornamos proverbiais receptores desses antioxidantes e *fitonutrientes* – recebendo os nutrientes que ajudam o coração.

Infelizmente, o desenvolvimento da agricultura há aproximadamente dez mil anos causou uma mudança de nossa dieta baseada em diversas plantas que forneciam um espectro de vitaminas essenciais e minerais e dezenas de milhares de *fitonutrientes* protetores. A substituição dessa dieta deliciosa e protetora por alimentos processados, grãos refinados, óleos adicionados, açúcar e sal tem levado ao aumento de doenças crônicas, incluindo as doenças cardíacas. De fato, hoje a maioria dos americanos come somente entre duas e três porções de frutas e vegetais por dia (quando o ideal é de sete a nove porções), e uma minoria não come nada.

Os avanços na tecnologia nos têm permitido explorar mais a fundo os componentes dos alimentos em um nível molecular, distinguindo entre os milhares de nutrientes das plantas, os alimentos individuais e as famílias de alimentos. Essa "nova fronteira nutricional" nos permite obter informações críticas de como podemos utilizar melhor os alimentos para reduzir o colesterol e proteger o coração. É estimada a identificação de vinte e cinco mil *fitonutrientes* individuais nas frutas, vegetais, grãos, mas uma grande porcentagem ainda é desconhecida e precisa ser identificada antes que nós possamos compreender completamente os seus benefícios para a saúde.

O sistema de defesa com "muitos jogadores" do seu corpo é auxiliado pelo suprimento de *fitonutrientes* que você ingere. Cada vez que você come frutas, vegetais ou outros alimentos ricos em antioxidantes, abre-se uma passagem e uma inundação de nutrientes protetores do coração entra em sua corrente sangüínea. Vamos dar uma olhada nesse mecanismo.

AS VITAMINAS E OS MINERAIS QUE PROTEGEM SEU CORAÇÃO

Embora nós conheçamos, há algum tempo, as ações das vitaminas e minerais, só recentemente é que começamos a compreender suas funções individuais nas doenças cardíacas. Nós fornecemos informações sobre as vitaminas e minerais como percentual de valor diário (%VD). Converse com o seu nutricionista para encontrar as suas necessidades nutricionais.

Cálcio

O cálcio é um mensageiro intracelular e tem uma função de mediar a constrição e o relaxamento dos vasos sangüíneos, a transmissão de impulso nervoso, contração muscular e a secreção de hormônios, incluindo a insulina. Esse mineral tem efeitos benéficos sobre os lipídios e também pode ajudar no controle do peso. Através da formação de um composto insolúvel em conjunto com ácidos graxos no intestino, o cálcio ajuda a prevenir a absorção de parte das gorduras da dietas, reduzindo o colesterol. Converse com o seu nutricionista para determinar se é apropriada a suplementação da sua dieta com cálcio, em complementação à ingestão de alimentos ricos em cálcio.

Dicas Healing Gourmet

Corte o Colesterol. Obtenha cálcio de iogurte com baixo teor de gordura (415 mg ou 42% do VD), suco de laranja (200 mg ou 20% do VD), salmão (181 mg ou 18% do VD), couve galega (94 mg ou 9% do VD), e *bok choy* (74 mg ou 7% do VD).

Calculando o Cálcio. Os alimentos seguintes proporcionam a mesma quantidade de cálcio: 150 gramas de leite = 1 xícara de iogurte = 60 gramas de queijo cheddar = 1 ½ xícaras de couve galega cozida = 2 ¼ xícaras de brócolis cozidos = 8 xícaras de espinafre cozido.

Coma uma variedade de alimentos ricos em cálcio para maximizar a absorção deste importante mineral. Visite o *The Office of Dietary Supplements* no http://ods.od.nih.gov/factsheets/calcium.asp para aprender mais sobre as necessidades de cálcio para homens e mulheres em diferentes estágios da vida.

Folato

O folato tem o seu nome vindo do latim *folium*, de folha, e está presente, em boas quantidades, nos vegetais de folhas. O folato trabalha em conjunto com a vitamina B6 e a vitamina B12 para ajudar a reciclar a homocisteína em metionina. Grande número de estudos tem mostrado que os altos níveis de homocisteína estão associados a um aumento no risco de doenças cardíacas.

DICAS HEALING GOURMET

Feijões e verdes! Se você come, freqüentemente, "feijões e verdes", está bem com o folato. Você pode obtê-lo no feijão fradinho (105 mcg ou 25% do VD), espinafre cozido (100 mcg ou 25% do VD), feijões *Gret Northern* (90 mcg ou 20% do VD), aspargos (85 mcg ou 20% do VD), gérmen de trigo (40 mcg ou 10% do VD), suco de laranja (35 mcg ou 10% do VD), ervilhas (50 mcg ou 15% do VD), brócolis cozidos (45 mcg ou 15% do VD), abacate (45 mcg ou 10% do VD) e amendoim (40 mcg ou 10% do VD).

Magnésio

O magnésio é um mineral envolvido com o ajuste da pressão sangüínea, a função da insulina e as doenças cardíacas. Alguns estudos têm mostrado que as pessoas com níveis mais altos de magnésio no sangue têm um risco mais baixo de doenças cardíacas e derrame. Baixos níveis de magnésio aumentam o risco de ritmos cardíacos anormais, que podem aumentar o risco de complicações depois de um ataque cardíaco.

DICAS HEALING GOURMET

Magnífico Magnésio! Obtenha-o do *halibut* (90 mg ou 20% do VD), amêndoas (80 mg ou 20% do VD), caju (75 mg ou 20% do VD), soja (75 mg ou 20% do VD), espinafre (75 mg ou 20% do VD), farinha de aveia (55 mg ou 15% do VD), batatas (50 mg ou 15% do VD), amendoins (50 mg ou 15% do VD), feijão fradinho (45 mg ou 10% do VD), iogurte (45 mg ou 10% do VD), feijões cozidos (40 mg ou 10% do VD) e arroz marrom (40 mg ou 10% do VD).

Vitaminas B6 e B12

A vitamina B12, também chamada cobalamina, ajuda a manter as células nervosas e os glóbulos vermelhos do sangue saudáveis, é também necessária para a síntese do DNA. A vitamina B12, em conjunto com a vitamina B6 e o folato, ajuda a reduzir os níveis da homocisteína prejudicial ao coração, um aminoácido que contém enxofre. Os resultados de mais de oitenta estudos indicam que mesmo os níveis moderadamente elevados de homocisteína no sangue aumentam o risco de doenças cardiovasculares. Se você é um vegetariano, converse com o seu médico ou nutricionista sobre a suplementação de vitamina B12, a qual é obtida, principalmente, de fontes animais.

Dicas Healing Gourmet

Eleve suas vitaminas B! Obtenha a vitamina B6 benéfica para o coração: das batatas (0,7 mg ou 35% do VD), grãos-de-bico (0,57 mg ou 30% do VD), peito de frango (0,52 mg ou 25% do VD), farinha de aveia (0,42 mg ou 20% do VD), sementes de girassol (0,23 mg ou 10% do VD), abacate (0,20 mg ou 10% do VD) e espinafre cozido (0,14 mg ou 8% do VD). Você encontrará a vitamina B12 em moluscos (84,1 mcg ou 1.400% do VD), truta (5,4 mcg ou 90% do VD), salmão (4,9 mcg ou 80% do VD), iogurte (1,4 mcg ou 25% do VD), atum (1 mcg ou 15% do VD) e leite (0,9 mcg ou 15% do VD).

Vitamina C

A vitamina C é um antioxidante solúvel em água, também conhecida como ácido ascórbico. Os nutrientes antioxidantes, conforme discutimos anteriormente neste capítulo, têm importantes funções na redução dos danos causados pelos radicais livres, associados às doenças cardiovasculares, assim como muitas outras doenças crônicas incluindo diabetes, degeneração macular, catarata, asma e câncer.

DICAS HEALING GOURMET

Ponha laranja em sua saúde. Obtenha sua dose diária de vitamina C de laranjas médias (78 mg ou 104% do VD), toranja média (132 mg ou 178% do VD), *blueberries* (14 mg ou 19% do VD), morangos (122 mg ou 163% do VD), mangas (57 mg ou 76% do VD), papaia (94 mg ou 125% do VD), melão cantaloupe (70 mg ou 93% do VD), melancia (12 mg ou 16% do VD), batatas doces (18 mg ou 25% do VD), pimentas verdes (95 mg ou 125% do VD) e pimentas vermelhas (226 mg ou 301% do VD).

Vitamina E

A vitamina E é uma vitamina solúvel em gordura que existe em oito diferentes formas, cada uma com sua função específica no corpo. *Alfatocoferol* é o nome da forma mais ativa de vitamina E nos humanos e é um antioxidante poderoso. Os pesquisadores têm descoberto que as modificações oxidativas do LDL-colesterol promovem bloqueios nas artérias coronárias que podem levar a ataques cardíacos. A vitamina E pode ajudar a prevenir ou retardar as doenças coronarianas através da limitação da oxidação do LDL-colesterol e pode ajudar a prevenir a formação de coágulos sangüíneos, os quais poderiam levar a um ataque cardíaco. Um estudo feito com aproximadamente noventa mil enfermeiras sugeriu que a incidência de doenças cardíacas era de 30 a 40% mais baixa entre as enfermeiras com ingestão mais alta de vitamina E por dieta e suplementos. Enquanto a vitamina E dos alimentos (tais como aquelas listadas a seguir) pode ter efeitos benéficos sobre o coração, as evidências para os suplementos ainda são inconclusivas.

DICAS HEALING GOURMET

Vitaminas E para satisfazer! A vitamina E é encontrada no óleo de gérmen de trigo (20,3 mg ou 100% do VD), amêndoas (7,4 mg ou 40% do VD), sementes de girassol (6 mg ou 40% do VD), avelãs (4,3 mg ou 20% do VD), amendoins (2,2 mg ou 10% do VD), manga (0,9 mg ou 6% do VD), brócolis (1,2 mg ou 6% do VD), espinafre (1,6 mg ou 6% do VD) e kiwi (1,1 mg ou 6% do VD).

OS FITONUTRIENTES QUE PROTEGEM O SEU CORAÇÃO

Não permita que o nome grande desses componentes muito pequenos o assuste. Eles podem dar um poderoso golpe do tipo corta-colesterol, mesmo quando você não os chama pelo nome. Uma coisa importante é incluir todo o espectro, todos os dias, para manter o seu coração saudável.

Fitonutrientes Fenólicos e Flavonóides

Os fenólicos representam uma categoria muito grande de mais de dois mil fitonutrientes. O termo *fenol* vem da estrutura química desses fitonutrientes que varia entre ter um ou mais "grupos de fenóis". Esse poderoso grupo de fenóis tem a habilidade de varrer muitos radicais livres à medida que circulam através da corrente sangüínea, reduzindo o dano às células e a oxidação do LDL-colesterol. Considerados entre os mais poderosos antioxidantes, os fenóis estão sendo estudados por sua habilidade em tornar lento o processo de envelhecimento, são antiinflamatórios, rompem os coágulos e têm efeitos protetores ao coração.

Flavonóides são componentes moleculares que servem como mecanismo de defesa; eles são encontrados somente nas plantas. Por não terem, as plantas, a opção "lutar-ou-voar" que os animais apresentam, elas devem proteger-se quimicamente; para isso os flavonóides tornam o tecido das plantas desagradável aos fungos, insetos e outros organismos danosos a elas. Todas as plantas fabricam os flavonóides, mas eles tendem a concentrar-se nas folhas e frutos. Por essa razão, as frutas tendem a ser fontes mais ricas em flavonóides do que muitos vegetais.

O *Women's Health Study* pesquisou aproximadamente quarenta mil mulheres para determinar a associação entre os flavonóides na dieta e o risco de doenças cardíacas. As mulheres que comeram alimentos mais ricos em flavonóides tiveram uma redução de 35% nos eventos cardiovasculares. Vamos dar uma olhada nos flavonóides específicos presentes nos alimentos e como cada membro alia forças para ajudar o seu coração.

DICAS HEALING GOURMET

Os fabulosos flavonóides podem ser encontrados nas maçãs, brócolis, aipo, frutas cítricas, coco, berinjela, endívias, uvas, toranja, alho-poró, cebola, salsa, framboesa, vinho tinto, morangos e chá.

Antocianina. Foi descoberto recentemente que esses pigmentos de cores claras inibem a oxidação e reduzem a viscosidade das plaquetas do sangue, que podem formar perigosos coágulos. Elas têm efeitos benéficos sobre as células de gordura (*adipócitos*) e reduzem os componentes inflamatórios chamados citoquinas.

Recomendação da Cozinha

O delicioso remédio das frutas vermelhas! Você pode encontrar esses prazerosos componentes nas frutas vermelhas incluindo as *blueberries*, framboesas, *lingonberries*, cerejas, groselhas, romãs, morangos, uvas Concord, amoras e fruto do sabugueiro. Compre-os congelados e misture às vitaminas (frapês) ou derreta-os e adicione aos cereais.

Beta-Glucano. Uma fibra solúvel, o beta-glucano, encontrado em altas concentrações na aveia e na cevada, ajuda a reduzir o colesterol. De fato, em um recente estudo, homens e mulheres que consumiram 5,8 gramas de beta-glucano durante quatro semanas viram uma redução de 10% em seu LDL-colesterol. Em 1997, a FDA aprovou uma propaganda nutricional com relação aos produtos alimentícios que define que "uma dieta contendo aveia integral, rica em fibras solúveis e com baixo teor de gordura saturada e colesterol pode reduzir o risco de doenças cardíacas". A FDA concluiu que no mínimo três gramas de *beta-glucano* da aveia deveriam ser consumidas, para se conseguir a redução do colesterol.

RECOMENDAÇÃO DA COZINHA

Remédio Antigo. Experimente a nossa receita de *Cinnamon Raisin Scones* (Bolinhos de Canela e Uvas passas) no Capítulo 9, uma deliciosa maneira de obter o seu beta-glucano que baixa o colesterol.

Catequinas. Essas substâncias são encontradas mais freqüentemente nos chás preto, verde e oolong, assim como no vinho tinto. Durante um estudo feito em 2005 publicado no *Journal of Nutritional Biochemistry* foram dadas duas xícaras de chá verde (contendo 250 mg de catequinas), por quarenta e dois dias, para participantes saudáveis. Comparados com os participantes do estudo que não beberam chá, os que tomaram chá desfrutaram de um aumento nos antioxidantes do sangue e uma redução significativa no LDL-colesterol.

RECOMENDAÇÃO DA COZINHA

Catequinas que cortam o colesterol! Uma xícara média de chá verde fermentado e de chá preto tem 150 a 200 mg de flavonóides – incluindo as catequinas. Coloque o seu chá verde em infusão por dois minutos para maximizar os benefícios antioxidantes.

Compostos Aliílicos derivados do Enxofre. Derivados principalmente da família do alho ou cebola, esses fitonutrientes conferem a acidez característica às cebolas, alho e outros relacionados a esse grupo de bulbos. Esses componentes protegem o coração, afinam o sangue e ajudam a reduzir o colesterol.

O *ajoeno* é encontrado no alho e é conhecido por suas propriedades de tornar o sangue menos viscoso e de reduzir o colesterol.

A *Alicina* é liberada no alho quando um dente intacto é amassado. Um aminoácido sem cheiro, a aliína, é convertida enzimaticamente pela alinase em alicina quando os dentes são amassados. A alicina é tida como um dos componentes mais biologicamente ativos no alho, reduzindo a oxidação do LDL-colesterol.

Os *sulfuretos* também são encontrados no alho assim como no repolho, brócolis, couve-de-bruxelas e outros mem-

Recomendação da Cozinha

Dentes de Proteção! Não deixe ninguém dizer a você que o hálito de alho não é agradável. Amasse o alho e misture-o com um molho simples de azeite de oliva extra-virgem e vinagre balsâmico e espalhe sobre uma salada verde misturada, cheia de fitonutrientes, ou aprecie-o aqui em nossa receita de *Garlicky Bruschetta* (*Bruschetta* com Alho).

Garlicky Bruschetta

4 tomates cortados em pedaços pequenos
4 dentes de alho, amassados
½ chalota (um tipo de cebola) em cubos
½ xícara de basílico fresco picado em pedaços pequenos
¼ de xícara de azeite de oliva extra-virgem
8 pedaços de pão italiano integral

Misture todos os ingredientes redutores do colesterol (exceto o pão). Deixe descansar por dez minutos. Torre o pão integral e cubra com a mistura de tomate, para uma dose de ajoeno, alicina, sulfuretos e licopeno.

- 8 porções (tamanho da porção: 1 fatia de pão com ¼ de xícara da mistura de tomate)

bros da família das crucíferas. O dissulfureto de alilo, uma substância que é formada a partir dos componentes presentes no alho, é conhecido por elevar os níveis de enzimas desintoxicantes do corpo, incluindo a glutationa. Os sulfuretos atuam como componentes antitrombóticos (exterminadores de coágulos) e podem proteger das doenças cardíacas e derrames, tornando o sangue mais fluido, prevenindo a oxidação do LDL-colesterol e redução da pressão sangüínea.

Curcumina. Conferindo o sabor único e a cor dourada do *curry*, a curcumina é um antioxidante potente que proporciona ao coração um sabor saudável.

RECOMENDAÇÃO DA COZINHA

Proteção picante! A curcumina é encontrada no açafrão e você pode obter os benefícios desse incrível fitonutriente com nossa receita do *Indian Spice Mix* (Mix Apimentado Indiano).

Indian Spice Mix

2 colheres de chá de açafrão em pó
8 colheres de chá de mostarda seca
4 colheres de chá de feno grego
4 colheres de chá de cominho em pó
2 colheres de chá de gengibre em pó
2 colheres de chá de coentro em pó
2 colheres de chá de cravo-da-índia
½ colher de chá de canela em pó

Misture todos os ingredientes em uma tigela pequena com uma tampa hermética. Chacoalhe bem para misturar. Armazene fechado em lugar fresco e seco. Adicione ao frango, peixe e pratos com feijão.

- Rende cerca de 24 ½ colheres de chá

Esteróis e Estanóis. Encontrados naturalmente nos óleos vegetais, nozes, cereais e feijões, assim como nos laticínios que reduzem o colesterol, os esteróis e os estanóis ajudam a reduzir os níveis de LDL-colesterol através da diminuição da absorção de colesterol no intestino. Existe uma variedade desses componentes, com nomes como campesterol, sitosterol, estigmasterol. Uma análise de quatorze estudos concluiu que a ingestão de 2 gramas de estanóis ou esteróis reduziu o LDL-colesterol de 9 a 14%.

Dicas Healing Gourmet

Procure por margarinas de esterol não hidrogenado, espalhadas nas seções de laticínios, tais como a Becel Proactiv para ajudar a cortar o seu colesterol, mas coma muitas frutas ricas em carotenóides e vegetais (discutidos posteriormente a este capítulo). Os esteróis e os estanóis podem reduzir a disponibilidade desses nutrientes que ajudam o coração.

Fitonutrientes Carotenóides. Os carotenóides, um grupo de mais de seiscentos nutrientes relacionados, têm recebido uma atenção substancial por causa de suas funções de vitamina e antioxidante. Em 2003, o *American Journal of Clinical Nutrition* relatou resultados do *Nurses' Health Study* sobre os carotenóides e os riscos de doenças cardíacas nas mulheres. O estudo acompanhou 73.286 enfermeiras durante doze anos e descobriu que as mulheres que comeram mais alimentos ricos em alfa-carotenos ou beta-carotenos apresentaram uma redução no risco de doenças cardíacas. Os carotenóides têm também sido considerados por reduzir o risco de derrame. Os pesquisadores concordam que a ingestão do espectro de carotenóides é a melhor estratégia para aumentar a sua saúde e obter o máximo de seus benefícios antioxidantes.

Um dos efeitos colaterais de ingerir *fitoesteróis* (presentes nas margarinas disponíveis na seção de laticínios) para reduzir os níveis de colesterol é que eles também reduzem os níveis de carotenóides no corpo, o que torna especialmente importante comer muitas frutas ricas em carotenóides e vegetais.

Também é importante mencionar que a ingestão de suplementos de carotenóides pode oferecer ameaças à saúde, incluindo o aumento do risco de morte para aqueles que fumam. A melhor maneira de obter o seus carotenóides é através dos alimentos que discutiremos aqui, assegurando que seu corpo obtenha o espectro completo dos fitonutrientes que lutam contra as doenças.

Recomendação da Cozinha

Catorze Proteções da Cenoura! Como os componentes presentes na cenoura são solúveis em gordura, você pode obter maior proteção cozinhando esses alimentos e adicionando um pouco de óleo. Ele ajuda a tornar os fitonutrientes mais disponíveis para o seu organismo de forma que maior quantidade seja lançada em sua corrente sangüínea, para proteger o coração.

O *Licopeno* é muito conhecido por sua habilidade em proteger o coração através da redução da oxidação do LDL-colesterol. O *Kuopio Ischemic Heart Disiese (KIHD) Risk Factor Study* descobriu que os homens com os mais baixos níveis de licopeno tiveram o risco para ataques cardíacos e derrame triplicado.

Recomendação da Cozinha

Ame o seu Licopeno! Além dos tomates, outras fontes de licopeno são a melancia, goiaba, papaia, damasco, toranja rosa e laranja vermelha (laranja sangüínea). Ele também é solúvel em gordura, então cozinhe bem aqueles tomates, adicione um pouco de azeite de oliva extra-virgem e misture com a sua massa favorita!

A *luteína* e a *zeaxantina* são muito famosas pela sua função na redução dos riscos da degeneração macular relacionada à idade. Evidências emergentes sugerem que esses componentes verde-amarelados também podem ajudar na prevenção das doenças cardíacas e derrame.

Dicas Healing Gourmet

Fora da vista! Obtenha a luteína e a zeaxantina do brócolis, repolho, espinafre e gemas de ovo.

Flavonóides cítricos. Os alimentos cítricos proporcionam uma abundância de flavonóides saudáveis para o coração tais como a hesperetina, naringenina e nobiletina. Vamos dar uma olhada nas atrações de cada um.

Hesperetina, encontrada nas laranjas, é uma ajuda poderosa para reduzir o colesterol total assim como o triglicérides.

Naringenina, encontrada em altas concentrações nas toranjas, ajuda a reduzir o LDL-colesterol e eleva o HDL. Um estudo de 2004 publicado na *Citrical Nutrition* comparou os efeitos redutores do colesterol da naringenina com a droga redutora do colesterol lovastatina. Depois de oito semanas, ambas – naringenina e lovastatina – reduziram significativamente os níveis de colesterol total e LDL enquanto elevaram o HDL-colesterol.

Nobiletina, encontrada principalmente nas tangerinas, foi mencionada em 2005 no jornal *Atherosclerosis* por reduzir o colesterol e ajudar a proteger as artérias.

Recomendação da Cozinha

Dê um beliscão nas doenças do coração! Obtenha uma dose saudável para o coração desses flavonóides cítricos que cortam o colesterol com o nosso *Carotene Cooler* (Carotenos Refrescantes) no Capítulo 9.

Gingeróis. Onde esses fitonutrientes aromáticos são encontrados? – No gengibre. Esse componente, ao lado de outros princípios ativos presentes no gengibre, é notado por prevenir a oxidação do LDL-colesterol. O gengibre é um membro da família *Zingiberacea*, a qual também inclui o açafrão.

Recomendação da Cozinha

Experimente o gengibre em nossa *Shanghai Chicken Kabobs* (Espetos de Frango de Shangai), no Capítulo 9.

Isoflavonas. As isoflavonas são *fitoestrogênios* (estrogênios vegetais) que podem ajudar a reduzir o colesterol. Existem numerosas isoflavonas nas plantas, tais como a soja, incluindo a diadzeína, genisteína e gliciteína. A FDA diz que 25 gramas de soja como parte de uma dieta com baixo teor de gordura saturada e colesterol podem reduzir o risco de doenças cardíacas. Os estudos mostram que a soja, por causa das isoflavonas como a genisteína, pode ser útil na prevenção de doenças cardíacas e no aumento dos níveis de colesterol.

DICAS HEALING GOURMET

Oh, Soja! Obtenha uma dose diária de isoflavonas consumindo produtos da soja, tais como tofu, leite de soja, *tempeh* e *edamame*. O conteúdo de isoflavonas varia amplamente entre as variedades de soja e de produto a produto, com base nos processos de manufatura e fontes de proteínas da soja; leia os rótulos para obter o conteúdo aproximado das isoflavonas nos alimentos.

Cuidados culinários: Se você tem algum tipo de câncer, converse com o seu médico e escolha as isoflavonas de alimentos integrais em contraposição a suplementos e produtos de isoflavona isolada.

Quercitina. Esse antioxidante que ocorre naturalmente nos alimentos ajuda a reduzir a absorção do colesterol pelo corpo e estimula a sua remoção do organismo. Um estudo com animais feito em 2005, publicado na *Free Radical Resolution*, examinou os efeitos da quercitina sobre uma dieta com alto teor de colesterol. As pessoas com uma dieta com alto teor de colesterol que também receberam a quercitina viram uma redução no colesterol total, triglicérides e ácidos graxos no sangue e nos vasos (veias e artérias) do coração.

Dicas Healing Gourmet

Não desista da quercitina! Você pode obtê-la das uvas vermelhas, cebolas vermelhas e amarelas, brócolis e maçãs.

Resveratrol. Encontrado na casca das uvas vermelhas e brancas (assim como nos amendoins), esse fitonutriente ajuda a reduzir os níveis de triglicérides e de LDL-colesterol. Ele também ajuda a prevenir a formação de coágulos sangüíneos que podem causar sérios problemas, tais como ataques cardíacos ou derrame.

Dicas Healing Gourmet

O Resveratrol é encontrado no vinho tinto e no suco de uva vermelha. Ele não é encontrado no vinho branco porque as cascas de uva, as quais contém resveratrol, são descartadas no início do processo de manufatura.

Tanino. Essa substância, principalmente encontrada no chá, tem sido estudada por suas ações sobre a inflamação e sua habilidade em tornar o sangue mais fluido. Foi descoberto que a ingestão de cinco flavonóides – a maioria derivada do consumo do chá – está inversamente associada às mortes por doenças cardiovasculares.

Dicas Healing Gourmet

Beba para a sua saúde! Obtenha o tanino do chá verde, chá de *oolong*, chá preto, sorgo, vinho tinto e café.

Agora que você aprendeu sobre como certos alimentos que contêm gorduras, carboidratos, antioxidantes e fitonutrientes podem ajudá-lo a reduzir o colesterol e proteger-se das doenças cardíacas, pode ler o próximo capítulo para descobrir uma lista completa de alimentos para incorporar todos esses elementos à sua dieta diária e obter uma ótima saúde.

Capítulo 5

ALIMENTOS REDUTORES DO COLESTEROL

Cada fruta, vegetal, legume ou grão – como um jogador de um time ou uma nota em uma sinfonia – adiciona um elemento nutricional valioso ao controle do seu colesterol e à prevenção das doenças cardíacas. Algumas pessoas estão sob uma perigosa concepção equivocada de que o custo de uma dieta não saudável pode ser contrabalançado pela ingestão de suplementos nutricionais. *Errado!* Porque muitos fitonutrientes ainda estão para ser identificados e porque outros elementos – tais como fibras, gorduras saudáveis e o prazer – não estão nessas pílulas, nós estamos lutando na batalha contra as doenças cardíacas com as armas erradas. Agora que você aprendeu sobre o espectro dos nutrientes, gorduras e carboidratos que reduzem o colesterol, vamos dar uma olhada nos alimentos individuais que trabalham juntos para ajudar a reduzir o seu colesterol e a manter distância das doenças cardíacas.

A SINERGIA DOS ALIMENTOS

Com o trabalho cuidadoso de cientistas ao redor do mundo e a evolução da tecnologia, nós isolamos e identificamos aproximadamente vinte e cinco mil fitonutrientes únicos em centenas de diferentes tipos de alimentos vegetais. Através dessa pesquisa, temos aprendido que pela combinação desses alimentos, os componentes bioativos trabalham juntos, ou sinergicamente, para aumentar os benefícios para a saúde. Por exemplo, quando as laranjas, maçãs, uvas e *blueberries* foram testados juntos e separados, a atividade antioxidante da salada de frutas combinadas foi cinco vezes mais alta do que das frutas, individualmente.

Embora grupos particulares de frutas e vegetais tenham sido identificados por serem especialmente protetores por reduzirem o colesterol, os pesquisadores têm apontado para a conclusão de que a redução do colesterol e a prevenção das doenças cardíacas são mais facilmente alcançadas através da sinergia dos alimentos. Agora vamos explorar as famílias dos alimentos e suas propriedades únicas de proteção ao coração (veja na Tabela 5.1).

Cozinha Codificada por Cores

Use o seu prato como se fosse uma tela e pinte-a para agradar o seu coração! David Heber, Ph.D., da *UCLA Center for Human Nutrition*, em Los Angeles, introduziu um conceito que agrupa os alimentos por cores para simplificar a refeição para uma ótima saúde e a prevenção das doenças. Não é necessário saber os nomes dos milhares de fitonutrientes presentes nos alimentos para obter os seus benefícios para a saúde. De fato, a escolha de uma variedade de alimentos de todas as famílias que temos descrito proporciona um espectro completo de nutrientes necessários para proteger-nos das doenças. Os mesmos fitonutrientes que mantêm nossas células saudáveis também dão as suas cores aos frutos e vegetais e indicam suas funções fisiológicas únicas. Através da codificação de cores de nossa cozinha, podemos traduzir a ciência da nutrição dos fitonutrientes para deliciosos pratos. Vamos dar uma olhada para o significado dessas cores.

- **Azul e violeta.** As frutas e vegetais azuis e violetas contêm quantidades variadas de fitonutrientes que estimulam a saúde, tais como as antocianinas e compostos fenólicos. As antocianinas estão sendo estudadas atualmente pela sua capacidade de parar a oxidação do LDL-colesterol e reduzir componentes inflamatórios.

Tabela 5.1 Alimentos e suas propriedades que ajudam o coração

Grupo/Família	Alimento	Fitoquímicos
Cruciferae (família das crucíferas)	Brócolis, couves-de-bruxelas, repolho, couve-flor, couve-manteiga, repolho, *kohlrabi*, folhas de mostarda, rabanetes, rutabaga (couve nabo da Suécia), nabo, agrião	Isotiocianatos, indois, nitrilos, sulforafane, clorofila
Curcubitaceae (família do melão e da abóbora)	Melão Cantaloupe, pepinos, melões amarelo *honeydew*, abóbora e abobrinha	Carotenóides, beta-caroteno, alfa-caroteno, beta-criptoxantina, zeaxantina, luteína
Labitae (família da hortelã)	Basílico, hortelã, orégano, alecrim, sálvia, tomilho	Terpenóides, mentol, clorofila
Leguminosae (família do feijão)	Broto de alfafa, feijões, ervilhas, sojas	Fitoestrogênios, lignanos, inibidores da protease, isoflavonas, saponinos
Liliaceae (família do lírio)	Aspargos, cebolinha, alho, alho-poró, cebolas, chalota	Compostos de enxofre, sulfetos, alicina, dialil sulfeto

Rutacea (família dos citros)	*Grapefruit** (Toranja), limões, limas, laranjas, tangerinas	Limoneno, carotenóides, licopeno (laranjas sangüíneas e *grapefruit* rosa), vitamina C, hesperidina, naringina, nobiletina
Solanaceae (família das *solanum/nightshade (beladona)*	Melão Cantaloupe, pepinos, melões amarelo honeydew, abóbora e abobrinha	Licopeno, carotenóides, terpenos
Umbeliferae (família umbelífera)	Anis, alcaravia, cenouras, salsão, aipo, chervil (cerefólio), cilantro, coentro, cominho, dill, erva-doce, salsa, pastinaca	Carotenóides, beta-caroteno, alfa-caroteno, beta-criptoxantina, zeaxantina, luteína, clorofila
Zingiberaceae (família do gengibre)	Gengibre, açafrão	Curcumina, gingeróis, zingibaína
Família dos chás	Chá preto, chá verde, chá *oolong*, variedades de chá branco	Catequinas, tanino, polifenóis, epigalocatequina galato (EGCG), teaflavinas

(*) Converse com o seu médico antes de comer *grapefruit*, pois ela pode ter interações com diferentes medicações, especialmente as estatinas.

- **Verde.** Os vegetais verdes contêm uma quantidade variada de fitonutrientes, tais como a luteína e o indol, os quais interessam aos pesquisadores por causa do seu potencial antioxidante, e benefícios que ajudam a saúde. Eles também são ricos em folato – uma importante vitamina B que ajuda a reduzir os níveis da homocisteína nociva para o coração.
- **Branca.** As frutas e vegetais brancos, cor de bronze e marrom contêm uma quantidade variada de fitonutrientes de interesse para os cientistas. Estes incluem os sulfetos e alicina, encontrados na família do alho e da cebola, os quais ajudam a proteger o coração através da redução da oxidação do LDL-colesterol.
- **Amarela e cor-de-laranja.** As frutas e vegetais amarelos ou cor-de-laranja contêm uma quantidade variada de antioxidantes, tal como vitamina C, assim como carotenóides e flavonóides. As frutas cítricas têm uma série de flavonóides únicos em seu arsenal que corta o colesterol, incluindo a nobiletina, naringenina e hesperetina.
- **Vermelha.** Os fitonutrientes específicos do grupo vermelho, que estão sendo estudados por suas propriedades que ajudam a saúde, incluem o licopeno e as antocianinas. O licopeno, um poderoso antioxidante encontrado em maiores concentrações em produtos de tomates cozidos, é particularmente, um protetor do coração.

ALIMENTOS DE A A Z: O SEU TIME QUE REDUZ O COLESTEROL

Baixe o seu colesterol deliciosamente! Nesta seção, nós damos um passo mais longe com as cores e descobrimos os alimentos individuais que compõem o time que reduz o colesterol. Também mostraremos a você o que procurar quando os estiver selecionando, diremos como armazená-los para preservar um ótimo sabor e os benefícios nutricionais e sugeriremos algumas receitas do Capítulo 9 que incorporam esses alimentos. Incluímos os nutrientes dos alimentos como uma porcentagem das **RDAs** ou recomendação de ingestão diária de nutrientes. Para aprender mais sobre como esses nutrientes individuais promovem a saúde e protegem o seu coração, reporte-se ao Capítulo 4. Por favor, observe que a lista deste livro é limitada; visite o nosso *website*, healinggourmet.com, para mais informações.

DICAS HEALING GOURMET

Busque por produtos orgânicos que foram cultivados sem o uso de pesticidas químicos. Ainda, experimente produtos orgânicos de laticínios, aves sem hormônios e peixes criados fora de cativeiros, para reduzir o consumo de produtos químicos e hormônios.

Abacates

Nativos dos trópicos e subtrópicos, os abacates são frutas únicas e uma fonte concentrada de nutrientes. O abacate da Califórnia possui casca lisa, enquanto o abacate da Flórida ("pêra crocodilo") tem um exterior duro e enrugado. Mais parecido com uma noz do que com uma fruta, esses nativos sul-americanos fornecem a gordura monoinsaturada saudável para o coração, folato, vitamina B6 e magnésio, para reduzir o colesterol e os níveis de homocisteína prejudicial ao coração. Santa guacamole!

- **Porção.** Um abacate (127 gramas) contém 204 calorias, 3,8 gramas de proteína, 13,3 gramas de carboidratos, 17 gramas de gordura, não contém colesterol e contém 9,3 gramas de fibras alimentares. A mesma porção proporciona 19% da RDA de vitamina A (186 RE), 15% da RDA de folato (60 mcg), 40% da RDA de vitamina C (24 mg), 8% da RDA de vitamina B6 (0,13 mg), 30% da RDA de niacina (5,9 mg), 27% da RDA de tiamina (0,4 mg), 26% da RDA de magnésio (104 mg), 22% da RDA de riboflavina (0,4 mg), 11% da RDA de ferro (1,6 mg) e 1.484 miligramas de potássio.
- **Selecionando e armazenando.** Como muitas frutas, os abacates amadurecem melhor fora da árvore. Os abacates maduros cedem à pressão suave da palma das mãos, mas são firmes; os abacates verdes são os que encontramos usualmente no mercado. Selecione aqueles que não tenham deformidade e sejam pesados com relação ao seu tamanho. Para acelerar o processo de amadurecimento, coloque alguns abacates em um saco de papel e deixe-os em temperatura ambiente, de dois a quatro dias. Uma vez que a polpa do abacate é cortada e exposta ao ar, ela tende a descolorir rapidamente; adicionar limão ou suco de lima ajuda a prevenir a descoloração.

Recomendação da Cozinha

Abacates incríveis fazem a cobertura cremosa da nossa *Wild Rice Salad* (Salada de Arroz Selvagem). Eles também ficam perfeitos recém tirados da árvore, descaroçados, com limão espremido e a sua mistura de folhas favorita.

Abóboras

Vegetais vigorosos e membros da família das abóboras, elas são uma usina de energia de carotenóides a serem apreciadas durante o ano inteiro.

- **Porção.** Meia xícara de abóbora em lata contém 41 calorias, 1,3 grama de proteína, 9,9 gramas de carboidratos, 0,3 grama de gordura, não contém colesterol, e 3,6 gramas de fibras alimentares. A mesma porção também proporciona 269% da RDA de vitamina A (2.691 RE), 8% da RDA de folato (15 mcg), 9% da RDA de vitamina C (5,1 mg), 11% da RDA de ferro (1,7 mg), 7% da RDA de magnésio (28 mg) e 251 miligramas de potássio.
- **Selecionando e armazenando.** As abóboras frescas estão disponíveis no outono e inverno e algumas espécies chegam a pesar mais de 45 quilogramas. Entretanto, geralmente a polpa daquelas de menor tamanho será mais macia e suculenta. Escolha as abóboras que estejam sem manchas e que sejam pesadas com relação ao seu tamanho. Armazene as abóboras inteiras em temperatura ambiente por cerca de um mês, ou refrigerada, por volta de três meses.

RECOMENDAÇÃO DA COZINHA

Não se prive dessas vistosas abóboras até o Dia de Ação de Graças! Compre abóboras enlatadas e misture-as às vitaminas, bolinhos e panquecas. Para receitas perfeitas com abóboras, visite o healinggourmet.com.

Alcachofras

Flores vegetais que são retiradas e comidas antes que se tornem uma flor "real", as alcachofras são um alimento europeu com mais de quarenta variedades existentes. Os componentes conhecidos como aluteolina e os cinarosídios encontrados na alcachofra inibem a produção (biossíntese) do colesterol no fígado, ajudando a reduzi-lo.

- **Porção.** Uma alcachofra cozida (127 g) contém 60 calorias, 4,2 gramas de proteína, 13,4 gramas de carboidratos, 0,2 grama de gordura, não contém colesterol e contém 6,5 gramas de fibras alimentares. A mesma porção oferece 15% da RDA de folato (61,2 mcg), 16% da RDA de vitamina C (12 mg), 12% da RDA de magnésio (47 mg), 11% da RDA de ferro (1,6 mg) e 425 miligramas de potássio. As alcachofras também contêm cinarosídios, luteolina, ácidos dicafeoilquinico e dicafeiltartárico.
- **Selecionando e armazenando.** As alcachofras estão disponíveis durante o ano inteiro, com a estação pico de março até maio. Compre as verde-escuras, pesadas com relação ao seu tamanho, com a formação de folhas estreitas. As folhas devem "ranger" quando pressionadas juntas. A coloração acastanhada em uma alcachofra normalmente indica que ela passou do pon-

Recomendação da Cozinha

Experimente a nossa *Black Bean Salad with Artichokes, Pepper and Goat Cheese* (Salada de Feijão Preto com Alcachofras, Pimentas e Queijo de Cabra) para ter esses grandes globos de alcachofra em seu prato. Ainda, procure por miolos de alcachofra em conserva no supermercado, para adicionar aos seus pratos favoritos com massa, frango e peixe.

to. Armazene-as sem lavar, em embalagem plástica, no refrigerador até quatro dias; lave-as antes de cozinhar. Há disponibilidade de miolos de alcachofra congelados e enlatados.

Alho

Membro da família dos alhos ou cebola, os três principais tipos de alho estão disponíveis nos Estados Unidos: o com casca branca, o alho americano de sabor forte; e o alho mexicano e italiano – os quais têm casca de cor roxa e com sabor mais suave. O alho elefante (que não é um alho verdadeiro, mas um parente do alho poró) é o que tem o sabor mais suave dos três. O alho transporta os fitonutrientes que reduzem o colesterol e auxiliam o coração, tais como a alicina, a quercitina e os sulfuretos. De fato, descobriu-se que meio dente de alho por dia reduz os níveis de colesterol total no soro por volta de 9%!

- **Porção.** 28 gramas de alho contém 42 calorias, 1,8 grama de proteínas, 9,3 gramas de carboidratos, gordura, colesterol e fibras. Contém 15% de vitamina B6 e 15% da RDA de vitamina C.
- **Selecionando e armazenando.** O alho fresco está disponível durante o ano inteiro. Compre bulbos firmes e gordinhos com casca seca. Evite as cabeças com dentes murchos e flexíveis e aqueles armazenados na seção refrigerada dos departamentos de produção. Armazene os alhos frescos em um recipiente aberto (longe de outros alimentos) em um local fresco e escuro. Armazenando-se adequadamente, os bulbos inteiros podem ser mantidos por cerca de oito semanas, embora comecem a secar por volta do fim desse tempo. Uma vez tirados do bulbo, os dentes individuais serão conservados por três a dez dias.

Recomendação da Cozinha

Obtenha esses dentes de proteção em nosso *Summer Vegetable Stew* (Cozido de Vegetais de Verão), mas não tenha medo de adicionar alho amassado para fazer uma crosta em pães integrais, em molhos de saladas ou em quaisquer dos seus alimentos favoritos.

Amoras

Cultivadas nos pântanos ao longo da Ásia, Europa e América do Norte, essas frutas vermelhas são mais conhecidas por serem utilizadas em pratos feitos para a celebração do Dia de Ação de Graças e por sua capacidade de reduzir a incidência de infecções na bexiga. Esses verdadeiros banquetes servem as tortas que contêm flavonóides, incluindo as antocianinas que ajudam a reduzir o colesterol total e LDL e a prevenir a oxidação do LDL-colesterol.

- **Porção.** Uma xícara de amoras cruas contém 46 calorias, 0,4 grama de proteína, 12,1 gramas de carboidratos, 0,2 grama de gordura, não contém colesterol e contém 4,4 gramas de fibras alimentares. A mesma porção proporciona 21% da RDA de vitamina C (12,8 mg). As amoras também contêm ácido oxálico.
- **Selecionando e armazenando.** Colhida entre maio e outubro, o período pico de mercado das amoras vai de outubro até dezembro.* Elas usualmente são colocadas em embalagem plástica de 340 gramas. Qualquer amora que esteja descolorida ou mur-

(*) Nota:

No Brasil as amoras são consideradas frutas silvestres e encontradas mais facilmente na forma de geléias.

cha deve ser descartada. As amoras podem ser refrigeradas, hermeticamente embaladas, por no mínimo dois meses e congeladas por até um ano.

RECOMENDAÇÃO DA COZINHA

Experimente o nosso *Apple Cranberry Crisp* (Maçãs e Amoras Crocantes) para uma deliciosa sobremesa rica em fitonutrientes!

Aspargos

Um membro da família do lírio, a parte comestível do aspargo é realmente o broto ou a lança. Uma porção desses brotos proporciona 48% das RDAs de folato, uma vitamina que ajuda a reduzir a homocisteína prejudicial ao coração. Mais de oitenta estudos mostram que mesmo os níveis moderadamente elevados de homocisteína no sangue aumentam os riscos de doenças cardíacas.

- **Porção.** Meia xícara de aspargos crus contém 15 calorias, 1,5 grama de proteína, 2,5 gramas de carboidratos, 0,1 grama de gordura, não contém colesterol e contém 1,3 grama de fibras alimentares. A mesma porção proporciona 6% da RDA de vitamina A (60 RE), 48% da RDA de folato (95 mcg), 37% da RDA de vitamina C (22,1 mg), 5% da RDA de vitamina B6 (0,1 mg), 3% da RDA de ferro (0,4 mg) e 218 miligramas de potássio.
- **Selecionando e armazenando.** A melhor estação para aspargos frescos vai de fevereiro a junho, embora os aspargos de estufa estejam disponíveis durante o ano inteiro em algumas regiões. Eles ficarão melho-

res se cozidos no mesmo dia em que são comprados mas durarão mais se forem embalados em embalagem plástica e estocados por três ou quatro dias no refrigerador. Você também pode armazená-los mergulhados em cerca de 2,5 centímetros de água, em posição perpendicular, cobrindo o recipiente com uma embalagem plástica.

Recomendação da Cozinha

Saúde Melhorada! Antes de cozinhar os seus aspargos, encha um vidro com água mineral e dois dentes de alho amassados. Corte a base das lanças dos seus aspargos e coloque-os no vidro, deixando-os descansar por vinte minutos. As lanças irão absorver a água, tornando-as mais crocantes, e o alho irá adicionar sabor e fitonutrientes.

Aveia

Um grão altamente rico em proteína ingerido em matinais industrializados ou como cereal quente, as aveias são um artigo de consumo americano. A FDA premiou as aveias como o primeiro alimento específico necessário para a saúde em janeiro de 1997 por causa da sua capacidade de reduzir o colesterol total e o LDL. Os componentes, incluindo os tocotrienóis, o beta-glucano e os fitatos devem ser honrados.

- **Porção.** Uma xícara de aveia cozida (1/2 xícara de aveia seca) contém 150 calorias, 5,5 gramas de proteína, 27 gramas de carboidratos, 3 gramas de gordura, não contém colesterol e contém 4 gramas de fibras alimentares. A mesma porção proporciona 13% da RDA de tiamina (0,2 mg), 31% da RDA de magnésio (107 mg) e 9% da RDA de ferro (1,9 mg).

- **Selecionando e armazenando.** Armazene a aveia em local fresco e seco e escolha as fatiadas, pois elas são as mais nutritivas e menos processadas.

RECOMENDAÇÃO DA COZINHA

Obtenha esses grãos que ajudam o coração, em nossos *Cinnamon Raisin Scones* (Bolinhos de Canela e Uvas-Passas).

Azeite de oliva

A maior parte do azeite de oliva norte-americano vem da Califórnia, e é também importado da França, Grécia, Itália e Espanha. Ele é feito mediante o esmagamento de azeitonas maduras, das quais é extraído o saboroso azeite monoinsaturado saudável para o coração, que é apreciado ao redor do mundo e utilizado tanto para cozinhar quanto para temperar saladas. O sabor, cor e fragrância dos azeites de oliva variam dependendo de condições, como região de cultivo e colheita. O azeite de oliva também é rico em componentes fenólicos e ácido oléico, os quais beneficiam o coração. Todos os azeites de oliva são graduados de acordo com o seu grau de acidez. Os melhores são os prensados a frio, um processo livre de química que envolve somente pressão, apresentando baixa acidez. O azeite de oliva extra-virgem, resultado da prensa a frio, da primeira prensa das azeitonas, tem somente 1% de acidez. Ele é considerado o mais fino e o mais gostoso dos azeites de oliva e é, também, o mais caro. Ele pode variar desde a cor champanhe, passando por dourado esverdeado, até verde brilhante.

- **Porção.** Uma colher de sopa de azeite de oliva extra-virgem contém 120 calorias, não contém proteínas e carboidratos, contém 14 gramas de gordura, não contém colesterol nem fibras alimentares.

- **Selecionando e armazenando.** O azeite de oliva deve ser armazenado em local fresco e escuro por cerca de seis meses. Ele pode ser refrigerado, caso em que ele durará por volta de um ano.

Dicas Healing Gourmet

Em geral, quanto mais escura a cor, mais intenso o sabor da azeitona e mais fitonutrientes presentes.

Blueberry

Essas frutas vermelhas têm deliciado os americanos nativos e peregrinos e estão entre as mais conhecidas fontes de antioxidantes.

Guerreiros fiéis à saúde, os *blueberries* transportam uma classe de flavonóides chamados antocianinas que são antioxidantes potentes e ajudam a reduzir a oxidação do LDL-colesterol.

- **Porção.** Uma xícara de *blueberries* contém 82 calorias, 1 grama de proteína, 20,5 gramas de carboidratos, 0,6 grama de gordura, não contém colesterol e contém 3,5 gramas de fibras alimentares. A mesma porção proporciona 315% da RDA de vitamina C (189 mg) e 129 miligramas de potássio.
- **Selecionando e armazenando.** Escolha os *blueberries* que estejam firmes, uniformes no tamanho e de cor azul anil e superfície levemente prateada. Descarte os murchos ou mofados. Não os lave até usá-los e armazene (preferivelmente em uma única camada) num recipiente à prova de umidade, no refrigerador, por até cinco dias.

RECOMENDAÇÃO DA COZINHA

Você pode obter essas pedras preciosas azuis a partir do nosso *Berry Blast* (Maravilha de Frutas Vermelhas), mas esta é somente uma das muitas maneiras de desfrutar dessas usinas geradoras nutricionais. Compre-as congeladas, coloque-as no microondas e adicione-as aos cereais do café da manhã para fazer um preparado cheio de sabor e fitonutrientes.

Brócolis

Descendentes do repolho, os brócolis são membros da família dos vegetais crucíferos. Embora a maioria dos brócolis seja verde, em tempos passados, as variedades púrpura, vermelhas, creme e marrom eram populares. Essas árvores que enfraquecem as doenças contêm um flavonóide chamado quercitina, que ajuda a reduzir o colesterol no sangue e protege contra as doenças cardíacas.

- **Porção.** Meia xícara de brócolis cozidos contém 23 calorias, 2,3 gramas de proteínas, 6 gramas de carboidratos, 0,2 grama de gordura, não contém colesterol, e contém 2,6 gramas de fibras alimentares. A mesma porção proporciona 11% da RDA de vitamina A (110 RE), 27% da RDA de folato (53,3 mcg), 82% da RDA de vitamina C (49 mg), 10% da RDA de vitamina B6 (0,2 mg), 6% da RDA de ferro (0,9 mg) e 127 miligramas de potássio.
- **Selecionando e armazenando.** Procure por brócolis com cor forte e escura – verde ou verde com púrpura. As flores devem estar fechadas, de forma apertada, e as folhas devem estar crocantes. Coloque no refrigerador sem lavar, em uma embalagem hermética, por até quatro dias.

RECOMENDAÇÃO DA COZINHA

Cozinhe levemente os brócolis no vapor e adicione um limão espremido e polvilhe com queijo parmesão para um acompanhamento verdadeiramente perfeito para qualquer prato.

Cacau

O cacau originou-se na América do Sul, onde foi apreciado pelos Astecas, Maias e outras culturas. Introduzido pelos exploradores no Velho Mundo, o cacau se tornou popular quando especiarias como o açúcar, a baunilha e a canela eram adicionadas às receitas com sabor mais amargo. As pesquisas mostram que o delicioso cacau escuro – uma fonte rica de flavonóides – ajuda a inibir a oxidação do LDL-colesterol e aumenta o colesterol protetor HDL.

- **Porção.** Uma xícara de chocolate quente (1 colher de sopa de cacau em pó em pó adicionada ao leite desnatado) contém 148 calorias, 9,5 gramas de proteína, 30 gramas de carboidratos, 9 gramas de gordura, 2 miligramas de colesterol e 0,2 grama de fibra alimentar. A mesma porção proporciona 15% da RDA de vitamina A (150 RE), 6% da RDA de folato (13 mcg), 1% da RDA de niacina (0,2 mcg), 26% da RDA de cálcio (310 mg) e 12% da RDA de magnésio (50 mg).
- **Selecionando e armazenando.** O cacau em pó vem tipicamente em um recipiente de metal hermético.*

(*) Nota:

Armazene-o em um local fresco e seco e prefira o cacau escuro por seus altos níveis de flavonóides que ajudam o coração.

Recomendação da Cozinha

Triste e Decadente! Está ansioso? Experimente o nosso *Chocolate Smoothie* para ser consertado por flavonóides.

Cebolas

Membros da família do alho, as cebolas têm duas classificações principais: verdes e secas, as quais são simplesmente cebolas maduras com uma polpa suculenta, coberta com uma casca fina como papel. Com os seus componentes derivados do enxofre que reduzem o colesterol e a quercitina, as cebolas acrescentam sabor e saúde a qualquer prato.

- **Porção.** Uma cebola crua média contém 60 calorias, 2 gramas de proteína, 14 gramas de carboidratos, não contém gordura e colesterol, e 3 gramas de fibras alimentares. A mesma porção também proporciona 18% da RDA de vitamina C (12 mg).
- **Selecionando e armazenando.** Quando comprar cebolas, escolha aquelas que sejam pesadas para o seu tamanho com cascas secas e finas como papel e sem sinais de manchas nem umidade. Evite as cebolas com

Recomendação da Cozinha

Você encontrará esses artigos cheios de lágrimas em muitas de nossas receitas. Coloque-as em saladas, em cubos ou *sauté* em molhos, ou adicione-as às sopas. Experimente as diferentes variedades de cebolas, tais como *cippolini*, cebolas do Texas, Vidalia ou chalota *(Shallot)*. No Brasil é possível encontrar diversas variedades de cebolas: cebola nacional e cebola importada, cebola branca, cebola roxa, cebola picante, cebola pérola, chalota e cebolinha.

manchas suaves. Armazene-as em local seco com boa ventilação por cerca de dois meses (dependendo de sua condição quando compradas). Uma vez cortada, a cebola deve ser hermeticamente embalada, refrigerada e utilizada dentro de quatro dias.

Cenouras

Como vegetais-raiz que se espalharam do meio-leste até a Grécia, Roma e mais tarde a Europa, as primeiras cenouras não eram cor de laranja, mas multicoloridas. Nos anos 1500, a cenoura surgiu no oeste da Europa e os criadores ao longo da Holanda desenvolveram a moderna cenoura cor-de-laranja durante os séculos seguintes. As cenouras são, com certeza, cheias de carotenóides – aqueles compostos antioxidantes que ajudam a proteger o coração através da inibição da oxidação do LDL-colesterol.

- **Porção.** Uma cenoura média (80 gramas) contém 31 calorias, 0,7 grama de proteína, 5,6 gramas de carboidratos, 0,1 grama de gordura, não contém colesterol e contém 2 gramas de fibras alimentares. A mesma porção também proporciona 202% da RDA de vitamina A (2.025 RE), 5% da RDA de folato (10 mcg), 11% da RDA de vitamina C (6,7 mg) e 233 miligramas de potássio.
- **Selecionando e armazenando.** Quando selecionar as cenouras, escolha aquelas que estejam firmes e lisas. Evite aquelas quebradas ou que começaram a amolecer e clarear. Remova a folhagem tão logo seja possível, porque elas roubam a umidade e as vitaminas da raiz. Evite armazená-las perto das maçãs, as quais emitem gás etileno que pode dar às cenouras um sabor mais amargo.

RECOMENDAÇÃO DA COZINHA

Enraizados na Saúde! Experimente o nosso *Carrot Ginger Bisque* (Sopa de Cenouras e Gengibre) para uma reviravolta nessas raízes comuns. O cozimento das cenouras permite que os fitonutrientes solúveis em gordura sejam mais facilmente absorvidos pelo corpo, de forma que você obtenha excelentes benefícios para a saúde! A sopa está servida!

Cerejas

Primas próximas da ameixa, as cerejas podem ser doces ou azedas, vermelhas ou pretas. Opte pelas cerejas, pela abundância de flavonóides que ajudam a proteger o seu coração.

- **Porção.** Dez cerejas doces e cruas (80 gramas) contêm 50 calorias, 0,9 grama de proteína, 1,3 grama de carboidratos, 0,7 grama de gordura, não contém colesterol, e contém 1,5 grama de fibras alimentares. A mesma porção, proporciona 8% da RDA de vitamina C (4,8 mg), 2% da RDA de ferro (0,3 mg) e 152 miligramas de potássio.
- **Selecionando e armazenando.** A maior parte das cerejas frescas está disponível de maio (junho para cerejas azedas) até agosto. Escolha as de um colorido vibrante, brilhantes e gordinhas. As cerejas doces devem ser firmes, mas não duras, e as variedades azedas devem ser meio firmes. Armazene-as sem lavar, em uma embalagem plástica, no refrigerador.

Recomendação da Cozinha

Não aos caroços! As cerejas armazenam importantes benefícios para o seu músculo cardíaco. Experimente-as em nosso *Flavonoid Freeze* (Flavonóides Congelados) ou compre-as congeladas, coloque-as no microondas e adicione-as a iogurtes ou cereais do café da manhã para ter saúde em alta velocidade.

Cevada

Bege e com forma oval achatada, ela é usualmente vendida em pequenos grãos descascados e polido para cozinhar mais rapidamente. A cevada também pode ser encontrada nas variedades: pré-cozida, com casca, em grãos grandes com casca, em flocos e como farinha. Descascada, também chamada de grão integral, a cevada tem somente que ter a casca retirada e é a forma de grão mais nutritiva. A cevada escocesa é descascada e moída de modo grosseiro. Os flocos de cevada são os grãos de cevada descascados que foram quebrados grosseiramente em pedaços médios. Usada para fazer a cerveja, o uísque e a comida para gado, a cevada é um grão que contém glúten e deveria ser evitada por aqueles que possuem sensibilidade a ele. A cevada produz o tocotrienol saudável para o coração (uma forma de vitamina E), o qual ajuda a reduzir a oxidação da lipoproteína de baixa densidade e os níveis totais de colesterol.

- **Porção.** Meia xícara de cevada em grãos cozida contém 97 calorias, 1,8 grama de proteína, 22,3 gramas de carboidratos, 0,4 grama de gordura, não contém colesterol e contém 4,4 gramas de fibras alimentares. A mesma porção proporciona 6% da RDA de folato (12,6 mcg), 8% da RDA de niacina (1,6 mg) e 7% da RDA de ferro (1,1 mg).

- **Selecionando e armazenando.** A cevada descascada, a escocesa e os flocos de cevada geralmente são encontrados em lojas de alimentos integrais. A cevada em pequenos grãos também tem o farelo retirado e é vaporizada e polida. Ela vem em três tamanhos – grosseiramente moídas, médio e fino – e é boa para ser utilizada em sopas e em cozidos. Armazene em recipiente hermético, em lugar fresco e seco.

Recomendação da Cozinha

Opte por cevada descascada que ainda tenha o seu gérmen e farelo intactos, os quais transportam fibras que limpam o colesterol, para proteger o coração.

Chá

Usados pelos antigos chineses, gregos, pesquisadores de plantas medievais e pensadores do Iluminismo pelas suas propriedades medicinais, o chá preto, o verde e o *oolong* derivam da planta *Camellia sinensis*. Os fitonutrientes do chá – tais como as catequinas e o tanino – ajudam a reduzir o colesterol, elevam os níveis de antioxidantes no sangue e reduzem o risco de um coágulo perigoso.

- **Porção.** Cento e setenta gramas de chá preto contêm 2 calorias, não contém proteína, 0,5 grama de carboidratos, não contém gordura, colesterol e fibras alimentares. A mesma porção proporciona 5% da RDA de folato (1 mcg).
- **Selecionando e armazenando.** Armazene o chá em recipiente hermético, em local fresco e seco.

Recomendação da Cozinha

Experimente o nosso *Zesty Green Tea Cooler* (Refresco de Chá Verde) ou *Spice Cinnamon Chai* (Chai Picante de Canela). Não esqueça de deixar o seu chá em infusão por, no mínimo, dois minutos para obter todos os benefícios daqueles fitonutrientes!

Espinafre

Folha verde nativa da Ásia, o espinafre foi trazido para a Europa pelos Mouros quando conquistaram a Espanha no oitavo século. O espinafre proporciona uma dose saudável de folato – para ajudar a reduzir a homocisteína prejudicial ao coração – mais carotenóides, luteína e zeaxantina. Reporte-se ao Capítulo 4 para mais informações sobre estes fabulosos fitonutrientes.

- **Porção.** Meia xícara de espinafre cozido contém 21 calorias, 2,7 gramas de proteína, 3,4 gramas de carboidratos, 0,2 grama de gordura, não contém colesterol e contém 2,1 gramas de fibras alimentares. A mesma porção proporciona 74% da RDA de vitamina A (737 RE), 66% da RDA de folato (131,2 mcg), 20% da RDA de magnésio (78,3 mg), 21% da RDA de ferro (3,2 mg) e 10% da RDA de cálcio (122,4 mg).
- **Selecionando e armazenando.** O espinafre fresco está disponível durante o ano inteiro. Escolha folhas que estejam crocantes e escuras com uma agradável fragrância fresca. Evite aqueles que estejam murchos ou danificados ou tenham manchas amarelas. Refrigere em embalagem plástica por até três dias.

RECOMENDAÇÃO DA COZINHA

Nosso *Sole Florentine* (Solha à Florentina) combina peixe rico em vitamina B com o espinafre rico em folato para um sabor saudável para o coração.

Fagópiro (Trigo Mourisco)

Semente triangular de uma fruta parente do ruibarbo e do hibisco, o fagópiro tem um sabor de nozes e é vendido torrado (cevadinha), como grão integral quebrado, sem tostar em lascas, ou moído como farinha. Boa fonte de esteróis e flavonóides, tem sido constatado em estudos com humanos e com animais que o fagópiro ajuda a reduzir o colesterol.

- **Porção.** Meia xícara de fagópiro cozido em pedaços contém 77 calorias, 2,8 gramas de proteína, 16,8 gramas de carboidratos, 0,5 grama de gordura, não contém colesterol e contém 27 gramas de fibras alimentares. A mesma porção proporciona 13% da RDA de magnésio (50,5 mg), 7% da RDA de folato (13,9 mcg), e 5% da RDA de ferro (0,8 mg).
- **Selecionando e armazenando.** O fagópiro em flocos são as sementes descascadas e quebradas, as quais são usualmente cozidas de maneira semelhante ao arroz. Os flocos podem ser grossos, médios e finos.

DICAS HEALING GOURMET

Reporte-se ao Capítulo 3 para aprender sobre como os grãos integrais, como o fagópiro, ajudam a reduzir o colesterol, estabilizar o açúcar no sangue e manter distância das doenças cardíacas.

As cevadinhas, que são os flocos de fagópiro tostados, têm um sabor de mais torrado e de nozes. Todos podem ser armazenados em recipiente hermético em lugar fresco e seco.

Feijões

Os feijões, parte da família dos legumes, são uma boa fonte de proteína e um alimento de baixo índice glicêmico. Eles oferecem um grupo de fitonutrientes que beneficiam o coração, incluindo os fitoestrogênios, folato, fibras insolúveis e saponinas. Faça desses pacotes de proteínas o suporte de sua dieta para uma excelente saúde. Um estudo nacional de mais de dez mil pessoas mostrou que comer feijões, ervilhas ou lentilhas quatro vezes por semana diminui o risco para doenças cardíacas em cerca de 22%. Seja feliz com feijões!

- **Porção.** Meia xícara de feijões pretos cozidos contém 13 calorias, 7,6 gramas de proteína, 20,4 gramas de carboidratos, 0,4 grama de gordura, não contém colesterol e contém 7,5 gramas de fibras alimentares. A mesma porção proporciona 32% da RDA de folato (64,2 mcg), 13% da RDA de magnésio (51,6 mg), e 270,2 miligramas de potássio.
- **Selecionando e armazenando.** Feijões secos devem usualmente ser deixados de molho na água por algumas horas ou da noite para o dia para reidratá-los antes de cozinhar. Os feijões rotulados como "pré-cozidos" são colocados previamente de molho e reidratados antes de serem embalados e não necessitam ser colocados de molho antes e levam menos tempo para serem preparados. A textura desses feijões "rápidos", entretanto, não é tão firme à mordida quanto os feijões se-

cos. Armazene os feijões secos em um recipiente hermético por até um ano.

RECOMENDAÇÃO DA COZINHA

Experimente o nosso *Black Bean Burritos* (Burritos de Feijão Preto) para uma reviravolta saudável em um clássico.

Framboesas

Tipicamente vermelhas, as framboesas também existem em outras cores, tais como roxa, amarela, âmbar e preta. Esssas frutas vermelhas ricas em antioxidantes proporcionam flavonóides que baixam o colesterol – incluindo as antocianinas mais a vitamina C antioxidante.

- **Porção.** Uma xícara de framboesas contém 61 calorias, 1,2 grama de proteína, 14,3 gramas de carboidratos, 0,7 grama de gordura, não contém colesterol e contém 8 gramas de fibras alimentares. A mesma porção também proporciona 16% da RDA de folato (323 mcg), 51% da RDA de vitamina C (30,8 mg), 6% da RDA de magnésio (22 mg) e 5% da RDA de ferro (0,7 mg).

- **Selecionando e armazenando.** As framboesas estão disponíveis de maio a novembro. Escolha aquelas com coloração brilhante, gordinhas e sem a penugem. Se a penugem ainda estiver junto, é sinal de que as framboesas foram colhidas muito antes e sem dúvida estarão azedas. Evite as moles, murchas ou mofadas. Armazene num recipiente seco, no refrigerador, por três dias. Se necessário, enxágüe levemente antes de servir.

Recomendação da Cozinha

Nossa *Berry Blast* (Maravilha de Frutas Vermelhas) é uma maneira rápida e gostosa de obter a sua dose diária de framboesas. Para uma vitamina matinal ou um refresco depois da atividade física, esta bebida prazerosa é rica em saborosos flavonóides!

Grapefruit

Membro da família *citrus* de frutas cultivadas na Flórida, a *grapefruit* tem sido utilizada por ser um auxílio na perda de peso. Proporcionando flavonóides que ajudam o coração, pectina e narangina que reduzem o colesterol, a *grapefruit* se encaixa no final, na posição mais baixa da escala de IG. Quando você escolher a *grapefruit* vermelha, também obterá uma dose de licopeno que protege o coração.

- **Porção.** Meia *grapefruit* contém aproximadamente 45 calorias, 1 grama de proteína, 12 gramas de carboidratos, 0,1 grama de gordura, não contém colesterol e contém 1,6 grama de fibras alimentares. A mesma porção proporciona 6% da RDA de folato (11,8 mcg) e 66% da RDA de vitamina C (39,3 mg).
- **Selecionando e armazenando.** A *grapefruit* fresca está disponível durante o ano inteiro. Aquelas do Arizona e da Califórnia estão nos mercados desde janeiro até agosto; as *grapefruits* da Flórida e do Texas normalmente chegam por volta de outubro e permanecem até junho. Escolha as *grapefruits* que tenham casca lisa, de textura fina e de cor brilhante. Elas devem estar firmes e ainda elásticas quando seguras na palma da mão e pressionadas. As *grapefruits* ficam me-

lhores quando postas em embalagem plástica e colocadas na gaveta dos vegetais, no refrigerador, por até duas semanas.

DICAS HEALING GOURMET

Cuidado Culinário! A *grapefruit* possui numerosas interações com diferentes medicamentos (especialmente as estatinas), então contate o seu médico ou farmacêutico antes de consumi-la, se você tiver uma prescrição de medicamentos.

Laranjas

A mais popular fruta cítrica, acredita-se que a laranja se originou no sudeste da Ásia e foi trazida para o Novo Mundo por Cristóvão Colombo. Um alimento de baixo IG, a laranja embala uma poderosa mistura do antioxidante vitamina C, precursores de vitamina A ou pró-vitamina A, mais um monte de flavonóides que reduzem o colesterol, incluindo a hesperidina, naringina e a nobiletina. Reporte-se ao Capítulo 4 para ver como as frutas cítricas ajudam a vencer o colesterol.

- **Porção.** Uma laranja (aproximadamente 130 gramas) contém 62 calorias, 1,3 grama de proteína, 15,4 gramas de carboidratos, 0,2 grama de gordura, não contém colesterol, e contém 3 gramas de fibras alimentares. A mesma porção proporciona 20% da RDA de folato (39,7 mg), 90% da RDA de vitamina C (69,7 mg), 13% da RDA de tiamina (0,2 mg), 4% da RDA de cálcio (52 mg) e 237 miligramas de potássio.
- **Selecionando e armazenando.** Laranjas frescas estão disponíveis durante o ano inteiro em

diferentes épocas, dependendo da variedade. Escolha uma fruta que esteja firme e pesada com relação ao seu tamanho, sem manchas de mofo ou esponjosas. As laranjas podem ser armazenadas em temperatura ambiente por um dia ou mais, mas depois devem ser refrigeradas e mantidas lá por cerca de duas semanas.

DICAS HEALING GOURMET

Estimule os carotenóides com o nosso *Carotene Cooler* (Refresco de Caroteno), estrelando essa ensolarada fruta cítrica. Ela é uma escolha perfeita para o café da manhã, servida com cereais integrais ricos em fibras.

Lentilhas

Membros das famílias dos legumes, as lentilhas dividem-se nas variedades vermelha, verde e marrom. As fibras e os fitoestrogênios se juntam para fazer esses pequenos pedaços ricos em proteínas perfeitos para reduzir os níveis de colesterol. Elas também transportam 86% da RDA de folato – a vitamina do complexo B que ajuda a reduzir os níveis da homocisteína prejudicial ao coração.

- **Porção.** Meia xícara de lentilhas cozidas contém 101 calorias, 9 gramas de proteína, 18,4 gramas de carboidratos, não contém gordura e colesterol e contém 9 gramas de fibras alimentares. A mesma porção proporciona 86% da RDA de folato (172,7 mcg), 15% da RDA de ferro (0,8 mg) e 7% da RDA de tiamina (0,1 mg).
- **Selecionando e armazenando.** As lentilhas devem ser armazenadas em recipientes her-

méticos em temperatura ambiente e ficarão conservadas por um ano.

RECOMENDAÇÃO DA COZINHA

Ame os seus legumes! Experimente nossa saborosa *Lentil and Mushroom Soup* (Sopa de Lentilha e Cogumelos) para um almoço leve ou primeiro prato de uma refeição saudável para o coração.

Limões

Frutas cítricas cultivadas em climas tropical e temperado ao redor do mundo, os limões adicionam sabor e abundância de vitamina C aos alimentos e bebidas. Além de conter o terpeno que reduz o colesterol e a vitamina C antioxidante, essa fruta cítrica de cheiro especial tem um baixo índice glicêmico.

- **Porção.** Uma colher de sopa de suco de limão contém 4 calorias, 0,1 grama de proteína, 1,4 grama de carboidratos, não contém gordura, colesterol e fibras alimentares. A mesma porção proporciona 11% da RDA de vitamina C (75 mg).
- **Selecionando e armazenando.** Os limões estão disponíveis durante o ano inteiro, havendo um pico durante os meses de verão. Escolha frutas com casca lisa e com cor brilhante, sem sinais de que estejam verdes para consumo. Os limões devem estar firmes, gordinhos e pesados com relação ao seu tamanho. Dependendo de suas condições quando comprados, podem permanecer refrigerados em uma embalagem plástica por duas ou três semanas.

Recomendação da Cozinha

Tome um "boca cocktail" para hidratar-se durante o dia e transportar fitonutrientes que melhoram a saúde. Simplesmente esprema um limão dentro de sua água mineral e *voilà*!

Maçãs

Cultivadas em zonas temperadas ao redor do mundo e pelo menos há três mil anos, o número de variedades de maçãs está por volta de mil. A maçã tem sido chamada de "rei das frutas" e por uma boa razão. As maçãs contêm uma fibra solúvel chamada pectina, a qual reduz o colesterol total e o LDL sem afetar os níveis do benéfico HDL. Elas também contêm flavonóides que ajudam a proteger o coração por inibirem a oxidação do LDL-colesterol.

- **Porção.** Uma maçã (155 gramas) com casca contém 81 calorias, 0,3 grama de proteína, 22 gramas de carboidratos, praticamente não contém gordura, colesterol e contém 5 gramas de fibra nutricional. A mesma porção oferece 13% da RDA de vitamina C (4,8 mg) e 8% da RDA de vitamina E (0,8 mg). As maçãs também contêm fenóis, ácido clorogênico, pectina, quercitina, flavonóides, boro e salicilatos.
- **Selecionando e armazenando.** Disponíveis durante o ano inteiro, a estação pico das maçãs é de setembro até novembro, quando são recém-colhidas. Compre maçãs firmes, bem coloridas e com uma fragrância fresca (nunca com cheiro de bolor). As cascas devem ser lisas e sem machucaduras. Armazene as maçãs em local fresco e escuro. Elas ficam boas quando colocadas em um saco plástico e armazenadas no refrigerador.

Recomendação da Cozinha

Experimente nossas *Apple and Cranberry Crisp* (Maçãs e Amoras Crocantes) para um delicioso café da manhã ou sobremesa, embaladas com flavonóides e fibras benéficas para o coração.

Mangas

Cultivadas na Índia por uns mil anos, as mangas existem em centenas de variedades. Estas frutas tropicais são ricas em antixiodantes, incluindo as vitaminas C e E, mais carotenóides.

- **Porção.** Uma manga (cerca de 207g) contém 128 calorias, 1 grama de proteína, 33,4 gramas de carboidratos, 0,57 grama de gordura, não contém colesterol e contém 3,7 gramas de fibras alimentares. A mesma porção proporciona 90% da RDA de vitamina C (54 mg), 77% da RDA de vitamina A (766 RE), 24% da RDA de vitamina E (2,4 mg) e 14% da RDA de vitamina B6 (0,28 mg).
- **Selecionando e armazenando.** A estação das mangas é de maio a setembro, embora a fruta importada esteja nas lojas esporadicamente até o resto do ano. Busque as frutas com casca amarela, sem marcas e com manchas vermelhas.

Recomendação da Cozinha

Dê uma força para os carotenóides com a nossa *Tropical Fruit Compote* (Compota de Fruta Tropical), estrelada pela manga rica em antioxidantes. É uma escolha perfeita para uma deliciosa receita que dá prazer ao paladar e protege o coração.

Melão Cantalupe

Esses melões de polpa cor-de-laranja têm o nome da cidade italiana de Cantalupa, que significa "canto do lobo". Eles transportam uma boa dose de vitamina C, ao lado de uma mistura poderosa de carotenóides que podem ajudar a inibir a oxidação do LDL-colesterol.

- **Porção.** Metade de um melão cantalupe cru (aproximadamente 270g) contém 95 calorias, 2,5 gramas de proteína, 22,4 gramas de carboidratos, 0,8 grama de gordura, não contém colesterol e contém 2,5 gramas de fibras alimentares. A mesma porção proporciona 86% da RDA de vitamina A (861 RE), 23% da RDA de folato (45,5 mcg), 186% da RDA de vitamina C (112,7 mg), 20% da RDA de vitamina B6 (0,4 mg) e 825 miligramas de potássio.
- **Selecionando e armazenando.** Escolha os melões cantalupe que sejam pesados com relação ao seu tamanho, tenham uma fragrância doce e gostosa, sejam compactos e bem desenvolvidos, que afundem levemente quando pressionados na região próxima ao cabo. Evite melões com manchas suaves ou um forte odor. Armazene os melões cantalupe ainda verdes na temperatura ambiente e mantenha os melões maduros no refrigerador. Os melões absorvem facilmente o odor de outros alimentos de forma que se for refrigerar por mais de um dia ou dois, coloque-o em embalagem plástica.

Dicas Healing Gourmet

Antes de cortar esses deliciosos melões, tenha a certeza de que os lavou bem, de forma que as bactérias de fora não sejam transferidas para dentro com a lâmina da faca.

Morangos

Os morangos são a fruta vermelha americana mais popular e existem mais de setenta variedades desse alimento rico em nutrientes. Com sua cor vermelha, essas impetuosas frutas ostentam licopeno em seu arsenal contra as doenças.

- **Porção.** Uma xícara de morangos crus contém 45 calorias, 1 grama de proteína, 10,5 gramas de carboidratos, 0,6 grama de gordura, não contém colesterol e contém 2,9 gramas de fibras alimentares. A mesma porção proporciona 13% da RDA de folato (26,4 mg), 141% da RDA de vitamina C (84+5 mg), 4% da RDA de ferro (0,6 mg) e 247 miligramas de potássio.
- **Selecionando e armazenando.** Os morangos frescos estão disponíveis durante o ano inteiro em muitas regiões do país, com o pico da temporada de abril a junho. Escolha os de cor brilhante, gordinhos e que ainda tenham as suas folhas. Evite as frutas moles, murchas e mofadas. Não os lave até que estejam prestes a serem servidos e armazene-os num recipiente seco, no refrigerador, por dois a três dias.

RECOMENDAÇÃO DA COZINHA

Use morangos em nossa *Peach and Berry Tart* (Torta de Pêssego e Frutas Vermelhas), uma sobremesa saudável que é deliciosa para o coração!

Nozes

Os cientistas estimam que as nozes devem existir há cerca de dezenas de milhões de anos porque elas são nativas do Velho e do Novo Mundos. Cultivadas por doze mil anos, as nozes são um dos alimentos mais ricos da natureza. Existem mais de trezentos tipos e nozes, mas as mais comumente apreciadas são as amêndoas, castanha-do-pará, castanha de caju, castanha portuguesa, coco, avelã, pecan, pistaches, nozes, *Hickory nuts* (castanha americana), pinhão e macadâmia. Rico em minerais como o cobre e o magnésio e embalada por gorduras saudáveis e esteróis, as nozes também contêm vitamina E, que reduz a oxidação do LDL-colesterol. Embora os amendoins sejam realmente uma leguminosa, uma pesquisa da *Harvard School of Public Health* e pela *Penn State University* mostrou que os amendoins reduzem o risco de doenças cardíacas assim como o diabete tipo 2. Assim, não tenha medo de ir às nozes!

- **Porção.** Veja os pacotes individuais de cada tipo de noz para informações nutricionais.
- **Selecionando e armazenando.** Armazene as nozes em recipientes fechados no refrigerador ou no freezer para evitar que fiquem rançosas. É melhor comprar nozes frescas cruas com casca, pois assim elas durarão mais do que as variedades cozidas com casca.

DICAS HEALING GOURMET

Vá de nozes cruas! As nozes cruas contêm mais água para abastecê-lo e, por não serem torradas, não é adicionado óleo nem sal.

Óleo de Canola

Derivado da semente de canola, o óleo contém o mínimo de gordura saturada. O óleo de canola proporciona gorduras saudáveis para o coração, incluindo as monoinsaturadas, ácidos graxos ômega-3 e ômega-6.

- **Porção.** Uma colher de sopa de óleo de canola contém 124 calorias, não contém proteína, nem carboidratos, contém 14 gramas de gordura, 1 grama de ácidos graxos saturados, 8 gramas de ácidos graxos monoinsaturados, 4,2 gramas de ácidos graxos poliinsaturados, 1,2 grama de ômega-3, não contém colesterol nem fibras alimentares. A mesma porção proporciona 13% da RDA de vitamina E (2,9 mg).
- **Selecionando e armazenando.** Armazene o óleo de canola em lugar fresco e seco, longe dos raios solares.

RECOMENDAÇÃO DA COZINHA

O óleo de canola é um óleo suave, perfeito para frituras leves ou uso em alimentos assados. Seu sabor neutro faz dele um excelente ingrediente para pratos doces e salgados.

Peixe

Os peixes têm sido objeto de muitas pesquisas ao longo dos últimos vinte anos, desde que os pesquisadores dinamarqueses descobriram uma ligação entre a dieta rica em peixes dos esquimós e as baixas taxas de doenças cardíacas que estes apresentam. Nós sabemos que essas criaturas marinhas beneficiam o coração graças aos seus ácidos graxos ômega-3 e a abundância de vitaminas do complexo B.

- **Porção.** Uma porção de salmão (100 gramas), assado ou cozido, contém 149 calorias, 20,5 gramas de proteína, 0,4 grama de carboidratos, 6,8 gramas de gordura, 35,7 miligramas de colesterol e não contém fibras alimentares. A mesma porção proporciona 112% da RDA de niacina (24,5 mg), 115% da RDA de vitamina B12 (2,3 mcg) e 20% da RDA de fósforo (238 mg).

- **Selecionando e armazenando.** Escolha peixes com carne firme que retorne ao formato inicial quando submetida a uma pequena pressão. O cheiro deve ser levemente salgado, as guelras devem estar úmidas e vermelhas e os olhos devem estar claros e brilhantes.

DICAS HEALING GOURMET

Saúde através do molinete! Peixes de água salgada fria, tais como o atum, a cavala, o arenque e as sardinhas têm quantidades maiores de ômega-3s do que os seus parentes de águas quentes. De fato uma porção de 100 gramas de sardinhas contém 5,1 gramas de ômega-3s, enquanto o mesmo tamanho de porção de salmão *chinook* (ou salmão rei) contém 3 gramas de ômega-3s, a cavala do Atlântico contém 2,2 gramas e o salmão rosa 1,9 grama. Pesque em nossa seção de receitas de Peixes e Frutos do mar para fisgar pratos perfeitos com peixes.

Pêssegos

Amplamente plantada ao longo do litoral leste pelos primeiros colonos, muitos botânicos pensavam que os pêssegos fossem nativos dos Estados Unidos. O pêssego é a terceira mais popular de todas as frutas cultivadas nos Estados Unidos e existe em numerosas variedades. Com os seus flavonóides e carotenóides, os pêssegos são doces na polpa e para o paladar.

- **Porção.** Um pêssego (aproximadamente 110 gramas) contém 37 calorias, 0,7 grama de proteína, 9,7 gramas de carboidratos, 0,1 grama de gordura, não contém colesterol e contém 1,5 grama de fibras alimentares. A mesma porção também proporciona 47% da RDA de vitamina A (465 RE), 19% da RDA de vitamina C (1,7 mg) e 8% da RDA de niacina (1,5 mg).
- **Selecionando e armazenando.** Os pêssegos estão disponíveis de maio a outubro na maioria das regiões dos Estados Unidos. Busque as frutas perfumadas que mostrem maciez à pressão com a palma da mão. Evite aqueles com sinais de estarem verdes.

RECOMENDAÇÃO DA COZINHA

Aprecie estas frutas cobertas de penugem que amadurecem fora da árvore ou em nossa *Peach and Berry Tart* (Torta de Pêssego e Frutas Vermelhas).

Pimentas

Parte da família dos vegetais, existem muitas variedades de pimentas, incluindo a banana, tipo sino vermelha, sino amarela, sino verde, chili, cayenne, jalapeño, habanero e boné escocês. Além da vitamina C e do magnésio que ajudam o coração, se você escolher as pimentas vermelhas, também obterá uma dose de licopeno – um poderoso componente que ajuda a reduzir a oxidação do LDL-colesterol que contribui para as doenças cardíacas.

- **Porção.** Meia xícara de pimenta tipo sino vermelha contém 14 calorias, 0,5 grama de proteína, 3,2 gramas de carboidratos, 0,1 grama de gordura, não contém colesterol e contém 1,8 grama de fibras alimentares. A mesma porção também proporciona 11% da RDA de folato (22,2 mcg), 44% da RDA de vitamina C (26,1 mg), 35% da RDA de vitamina B6 (0,7 mg), 17% da RDA de niacina (3,3 mg), 18% da RDA de tiamina (0,2 mg), 14% da RDA de magnésio (54,5 mg), 19% da RDA de ferro (2,8 mg) e 844 miligramas de potássio.

- **Selecionando e armazenando.** Escolha pimentas que estejam firmes, tenham cor e pele brilhantes e sejam pesadas com relação ao seu tamanho. Evite aquelas moles e murchas ou que tenham manchas esponjosas e estejam machucadas. Armazene as pimentas em embalagem plástica, no refrigerador, por cerca de uma semana.

RECOMENDAÇÃO DA COZINHA

Proteção com Molho! Experimente o nosso *Broiled Mahimahi com Red Bell Pepper Sauce* (Mahimahi cozido com Molho de Pimenta Sino Vermelha) para uma reviravolta no tradicional prato com peixe.

Romãs

As romãs *(pomegranates)* são uma fruta incomum com um suco vermelho brilhante e muitas sementes. O nome vem de duas palavras francesas, *pome* e *granate*, e significa "maçã com muitas sementes". Essas frutas únicas proporcionam uma boa dose de fibras mais antocianinas que inibem a oxidação do LDL-colesterol, reduzem a viscosidade das plaquetas e ajudam a reduzir o LDL.

- **Porção.** Uma romã (aproximadamente 155 gramas) contém 104 calorias, 1,5 grama de proteína, 26,5 gramas de carboidratos, 0,5 grama de gordura, não contém colesterol e contém 1 grama de fibras alimentares. A mesma porção também proporciona 16% da RDA de vitamina C (9,4 mg) e 399 miligramas de potássio.

- **Selecionando e armazenando.** Nos Estados Unidos, as romãs estão disponíveis em outubro e novembro. Escolha aquelas que sejam pesadas para o seu tamanho e tenham uma cor brilhante e fresca e casca sem manchas. Coloque no refrigerador por volta de um mês, ou armazene em local fresco e escuro por cerca de um mês.

Recomendação da Cozinha

Salpique as sementes de romã sobre o seu cereal favorito ou experimente o suco da romã com água mineral com gás para ter uma bebida refrescante.

Sementes de linhaça

Um artigo de culinária antigo, usado há muito tempo, desde 3000 a.C., inclusive por Hipócrates, por sua capacidade de aliviar o desconforto intestinal, tem um sabor suave de noz e é utilizado com freqüência, salpicado sobre pratos quentes, tais como cereais cozidos e para grelhar alimentos. Essa pequena semente proporciona os ácidos graxos ômega-3 saudáveis para o coração e lignanos que ajudam a reduzir o colesterol total enquanto eleva os níveis do HDL-colesterol.

- **Porção.** Duas colheres de sopa de semente de linhaça moída contêm 80 calorias, 3,2 gramas de proteína, não contêm carboidratos, contêm 5,5 gramas de gordura, não contêm colesterol e contêm 4,5 gramas de fibras alimentares.

- **Selecionando e armazenando.** Armazene as sementes de linhaça no refrigerador ou no freezer, onde elas podem ficar por até seis meses.

DICAS HEALING GOURMET

As migalhas diárias! Mergulhe nos benefícios da linhaça para a saúde, com o seu moedor de café. A sua casca externa previne que muitos dos nutrientes benéficos fiquem expostos, e a moagem os libera. Salpique-a sobre o iogurte ou cereais, ou adicione-a às vitaminas.

Soja

Membro da família dos legumes e uma proteína completa, a soja é o produto principal da dieta asiática. Os cientistas descobriram que os componentes, incluindo os fitoestrogênios, isoflavonas e as saponinas são os responsáveis pelas sojas reduzirem o colesterol e trazerem benefícios que ajudam o coração.

- **Porção.** Um quarto de pedaço de tofu (aproximadamente 110 gramas) contém 90 calorias, 9,4 gramas de proteína, 2,2 gramas de carboidratos, 5,4 gramas de gordura, não contém colesterol e contém 1,4 grama de fibras alimentares. A mesma porção proporciona 30% da RDA de magnésio (120 mg), 41% da RDA de ferro (6,2 mg) e 10% da RDA de cálcio (122 mg).
- **Selecionando e armazenando.** Experimente as muitas diferentes variedades de alimentos de soja. *Edamame* são as sojas em sua casca e podem ser encontradas na seção de congelados dos supermercados e armazenadas na vagem ou encontradas nas gôndolas refrigeradas, cozidas e fora de suas cascas. O *tempeh* é coalhada de

soja que tem textura de carne e também pode ser encontrado nas gôndolas refrigeradas (especialmente em lojas de produtos orientais). A Proteína Vegetal Texturizada (PVT) é a soja processada que tem a consistência de carne moída. Ela pode ser usada em chilis, molhos, sopas ou em qualquer prato onde você usaria carne moída; e pode ser encontrada nas seções de secos ou de congelados do seu supermercado (lojas de produtos naturais ou mercearias). O tofu é muito perecível e deve ser refrigerado por não mais de uma semana. Se ele estiver embalado com água, drene-o e cubra com água fresca e troque a água diariamente. O tofu pode ser congelado por até três meses.

RECOMENDAÇÃO DA COZINHA

Todos os alimentos de soja pegam o sabor das coisas com as quais você os cozinha, então faça um uso liberal de ervas fitonutrientes e condimentos quando cozinhá-las com os produtos de soja. Nossos *Fajita Burgers* transportam uma dose de dar água na boca de proteína de soja. Sirva com batata-doce "frita" para uma reviravolta saudável de um clássico todo americano.

Tomates

Tidos como originários da América do Sul, os tomates foram levados pelos exploradores espanhóis para a Europa nos anos 1500. Mais notáveis pelo seu licopeno, os tomates ajudam a proteger o coração mediante a inibição da oxidação do LDL-colesterol.

- **Porção.** Um tomate vermelho maduro (aproximadamente 120 gramas) contém 24 calorias, 1,1 grama de proteína, 5,3 gramas de carboidratos, 0,3 grama de gordura, não contém colesterol e contém 1,3 grama de fibras alimentares. A mesma porção proporciona 14% da RDA de vitamina A (139 RE), 6% da RDA de folato (11,6 mcg), 36% de RDA de vitamina C (21,6 mg) e 5% da RDA de ferro (0,8 mg).

- **Selecionando e armazenando.** Escolha tomates firmes, bem modelados, que sejam perfumados e ricamente coloridos (pela sua variedade). Eles devem estar sem manchas e ser pesados com relação ao seu tamanho e ceder levemente à pressão. Os tomates maduros devem ser armazenados à temperatura ambiente e utilizados dentro de poucos dias, pois temperaturas frias tornam a polpa mais aquosa. No caso do resfriamento do tomate abaixo de 14ºC, ocorre diminuição drástica do sabor e alteração da consistência.

Recomendação da Cozinha

Cozinhar os tomates ajuda a liberar o licopeno, um antioxidante solúvel em gordura. A adição de um pouco de óleo também ajuda na absorção. Fora da panela!

Trigo

Um dos mais antigos grãos cultivados, o trigo está disponível em numerosas formas, incluindo grãos, trigo quebrado, trigo bulgur, trigo triturado, farelo não processado (ou farelo de moinho), gérmen de trigo, flocos de milho enrolados, trigo inflado, creme de trigo e farinha de trigo.

- **Porção.** Um pedaço (1 fatia) de pão de trigo integral contém 90 calorias, 4 gramas de proteína, 15 gramas de carboidratos, 1 grama de gordura, não contém colesterol e contém 3 gramas de fibras alimentares. A mesma porção proporciona 2% da RDA de folato (4,1 mcg), 6% da RDA de niacina (1,2 mg), 6% da RDA de tiamina (0,09 mg) e 2% da RDA de riboflavina (0,04 mg).

- **Selecionando e armazenando.** A farinha de trigo integral contém parte do gérmen do grão e mofa rapidamente por causa do óleo do gérmen. Refrigere ou congele essa farinha hermeticamente embalada e use-a tão logo possível.

DICAS HEALING GOURMET

Não esqueça de procurar pelas palavras *grão integral* quando comprar farinha. Os produtos integrais não foram "refinados" ou despojados de seu gérmen nutritivo e camadas de farelo, os quais ajudam a manter equilibrados os seus níveis de colesterol.

Uvas

As uvas têm sido cultivadas há muito tempo, cerca de cinco mil anos, e estão classificadas como "Européias" (*Thompson* sem sementes, *flame* sem sementes e *red globe*) ou "Americanas" (*Concord*, *Steuben* e *Delaware*). O resveratrol encontrado nas cascas das uvas vermelhas e brancas mais a quercitina ajudam a reduzir o triglicérides e o LDL-colesterol.

- **Porção.** Uma xícara de uvas do tipo europeu frescas, tais como a *Thompson*, contém 14 calorias, 1,1 grama de proteína, 28,4 gramas de carboidratos, 0,9 grama de gordura, não contém colesterol e 12,1 grama de fibra alimentar. A mesma porção proporciona 29% da RDA de vitamina C (17,3 mg), 13% da RDA de tiamina (0,2 mg), 10% da RDA de vitamina B6 (0,2 mg), 6% da RDA de riboflavina (0,1 mg) e 296 miligramas de potássio.

- **Selecionando e armazenando.** Escolha as uvas que sejam gordinhas, bem coloridas e firmemente presas aos seus cachos. As uvas verdes têm um tom levemente amarelo pálido, como sinal de que estão maduras, enquanto as uvas vermelhas devem estar com cor escura, sem sinais de verde. Armazene as uvas sem lavar em uma embalagem plástica no refrigerador por até uma semana. A menos que você as compre orgânicas, lave-as bem, pois a maioria das uvas foi aspergida com inseticida.

DICAS HEALING GOURMET

Obtenha os benefícios das uvas frescas tiradas da vinha, do suco de uvas vermelhas ou roxas ou do vinho tinto (com moderação).

Até agora examinamos os vários elementos nutricionais em diferentes alimentos e dietas. A seguir, você aprenderá quais ervas e especiarias deveria estocar em sua cozinha.

Capítulo 6

ERVAS E ESPECIARIAS QUE CURAM

O perfume do manjericão de nossa receita de Pesto Salmon (Salmão ao Pesto) ou o aroma de canela que fica suspenso no ar vindo do nosso *Spicy Cinnamon Chai* (Chai Picante de Canela) fazem mais do que agradar ao paladar e perfumar o ar. Os elementos naturais que realçam os sabores são favorecidos com uma abundância de – o que mais? – fitonutrientes! Os pesquisadores do *Cytokine Research Laboratory, Department of Experimental Therapeutics* da Universidade do Texas, descrevem isso unicamente como a "boa razão para optar pelos temperos". Neste capítulo discutiremos algumas das ervas e especiarias que podem auxiliar na redução do colesterol e os fitonutrientes responsáveis pela sua deliciosa proteção (conforme demonstrado na Tabela 6.1). Nós também daremos a você dicas de como utilizá-los através das receitas do Capítulo 9, para criar pratos saudáveis para o coração e que curam!

Tabela 6.1 Ervas e especiarias que cortam o colesterol

Família da erva/ Especiaria	Membro	Fitoquímicos
Labitae (família da hortelã)	Manjericão, hortelã, orégano, alecrim, sálvia, tomilho	Terpenóides, mentol e clorofila
Umbeliferae (família das umbelíferas)	Anis, alcarávia, cenouras, salsão, aipo, cerefólio, cilantro, coentro, cominho, dill, erva-doce, salsa, pastinaca	Carotenóides, beta-caroteno, alfa-caroteno, beta-criptoxantina, zeaxantina, luteína, clorofila
Zingiberaceae (família do gengibre)	Gengibre, açafrão	Curcumina, gingeróis, zingibaína

SABOREANDO O AROMA

A utilização abundante das especiarias e ervas aromáticas não é um conceito novo. Durante séculos, esses componentes que realçam os sabores têm sido utilizados para auxiliar na cozinha, tratar doenças e proteger os alimentos da deterioração. Nos tempos antigos, as pessoas valorizavam as especiarias muito mais do que o ouro ou as jóias. No mundo de hoje, dos alimentos processados ricos em sódio e gordura, os consumidores estão se voltando para as ervas e especiarias para acrescentar aroma e sabor aos seus pratos.

A utilização dos componentes naturais que realçam os sabores libera uma abundância de fitonutrientes que auxiliam o coração enquanto eliminam calorias adicionadas e sal. Você pode se reportar ao Capítulo 4 para descobrir como cada um desses fitonutrientes trabalha como parte de um time para reduzir o colesterol e proteger o coração.

Uma Prateleira de Especiarias que Reduzem o Colesterol

Diferente das ervas, as quais derivam das folhas das plantas, as especiarias são feitas a partir dos brotos, cascas, frutos, sementes ou raízes. Embora as pesquisas sobre o poder curador das especiarias sejam relativamente recentes, é impressionante o que os cientistas têm descoberto até agora. Ricas em fitonutrientes e antioxidantes, descobriu-se que as variedades de especiarias reduzem o colesterol, mantêm limpas as artérias, estabilizam os níveis de açúcar no sangue e combatem muitas doenças crônicas, incluindo o câncer. Da mesma forma que as outras plantas que comemos, as cores indicam como esses componentes que realçam os sabores trabalham em nossos corpos para proteger nosso músculo cardíaco e cortar o colesterol. A maioria das especiarias – incluindo a canela, folhas de louro, pimenta-da-jamaica e cravos-da-índia ajuda a proteger o nosso coração através de sua ação antioxidante e antiinflamatória e dos efeitos benéficos sobre o açúcar no sangue. Tenha a certeza de estar armazenando as suas especiarias em local fresco e escuro para preservar as suas propriedades e aumentar o tempo de prateleira. Vamos dar uma olhada nas especiarias, individualmente, para incluir em sua prateleira!

DICAS HEALING GOURMET

Realce o aroma das especiarias tostando-as rapidamente em uma frigideira seca, até que fiquem aromáticas e com coloração levemente marrom.

Açafrão. Estigma da *crocus sativus*, planta de floração da família *crocus* e nativa do Mediterrâneo, o açafrão é a especiaria mais cara do mundo; mais de 225.000 estigmas devem ser picados à mão para produzir 450 gramas. Em sua forma pura, o açafrão é um aglomerado de fios comprimidos, semelhantes à corda, de cor laranja escura. Inicialmente cultivado na Espanha, o açafrão tem um sabor apimentado, picante e amargo com um odor picante e penetrante.

DICAS HEALING GOURMET

Você pode utilizar o açafrão em sopa de peixe francesa, *paella* espanhola e muitos pratos do Oriente Médio.

Açafrão-da-índia. O açafrão-da-índia vem da raiz da curcuma longa, uma planta herbácea da família das zingiberáceas ou do gengibre. A raiz ou rizoma tem uma casca dura marrom e polpa cor-de-laranja brilhante. O açafrão-da-índia moído vem das hastes florais que se estendem a partir da raiz. Ele é cozido e depois seco e moído. A Índia é o principal produtor mundial do açafrão-da-índia, mas ele também é cultivado na China e Indonésia. Estudos mostram que o açafrão-da-índia pode ajudar a reduzir os níveis de colesterol do sangue. Levemente aromático, tem fragrâncias de laranja ou gengibre e tem um sabor picante e amargo.

DICAS HEALING GOURMET

O açafrão-da-índia é ingrediente indispensável do caril em pó e é muito usado nos pratos indianos – incluindo pratos com lentilha e carne – e na cozinha do sudeste asiático.

Anis. Semente marrom acinzentada de forma oval da *Pimpinella anisum*, planta da família das umbelíferas ou da cenoura, o anis é parente da alcarávia, do dill, do cominho e da erva-doce. A Espanha e o México são as fontes de cultivo do anis, embora ele seja nativo do Oriente Médio.

DICAS HEALING GOURMET

Você pode utilizar o anis em bolos, biscoitos e pães doces como fazem os europeus, ou em sopas e cozidos, como é feito no Oriente Médio e na Índia.

Canela. A canela é a casca seca da *lauracea arborea*, da família dos *cinamomos*. A canela utilizada na América do Norte é da árvore da cássia (canela-da-china), que é cultivada no Vietnã, na China, Indonésia e América Central.

A canela tem uma fragrância doce e amadeirada nas formas moída e em pau, que acentuam o sabor de vegetais e frutas.

RECOMENDAÇÃO DA COZINHA

Nossos *Cinnamon Raisin Scones* (Bolinhos de canela e uvas passas) são uma maneira deliciosa de obter a sua dose dessa especiaria.

Cominho. O cominho é uma semente verde-clara da *cuminum cyminum*, uma pequena erva da família das umbelíferas ou da cenoura. A semente é uniformemente elíptica e profundamente enrugada, é freqüentemente usada em pratos mexicanos e tem um sabor distinto, levemente amargo e quente.

RECOMENDAÇÃO DA COZINHA

Encontre esta especiaria em nosso *Black Bean Burritos* (Burritos de Feijão Preto).

Cravos-da-índia. Os cravos-da-índia são botões de flores que não abriram de *syzygium aromaticum*, uma árvore perene da família das Mirtáceas. O nome cravo vem do Francês *clou*, que significa prego. Os cravos-da-índia vêm de Madagascar, Brasil, Panang e Ceilão e são fortes, picantes e doces.

RECOMENDAÇÃO DA COZINHA

Experimente os cravos-da-índia em nossa receita de *Indian Spice Mix* (Mix Apimentado Indiano) (do Capítulo 4) e adicione-os aos pratos com frango, peixe e feijão.

Erva-doce. A semente de erva-doce é um fruto seco de forma oval, verde ou marrom amarelado da *foeniculum vulgare*, um membro da família das Umbelíferas ou da cenoura. A erva-doce vai bem com peixes e é utilizada em algumas misturas de caril* em pó. Tem um sabor semelhante ao anis, mas é mais aromática, doce e menos picante.

(*) Nota:

Mistura de vários condimentos, usado na culinária indiana, também conhecido como *curry*.

Recomendação da Cozinha

Experimente este sabor inesquecível em nosso *Mediterranean Baked Snapper* (Pargo Assado do Mediterrâneo).

Gengibre. Membro da família das *Zingiberáceas* – a qual inclui o açafrão-da-índia –, o gengibre vem principalmente da Jamaica, Índia, África e China. Com sabor apimentado e levemente doce e um aroma gostoso e picante, esta raiz extremamente versátil tem sido, há muito tempo, a base principal da cozinha asiática e indiana e também foi incluída nos alimentos europeus. Os componentes do gengibre chamados gingeróis têm uma ação de dissolução de coágulos e também descobriu-se que impedem a oxidação do LDL-colesterol, que aumenta o risco de doenças cardíacas. O gengibre novo, chamado com freqüência de broto de gengibre, tem uma casca pálida e fina que não necessita ser retirada. O gengibre maduro tem uma casca dura que deve ser retirada para expor a delicada polpa que fica sob a superfície.

Recomendação da Cozinha

Busque gengibre com casca lisa e uma fragrância fresca e picante. A raiz do gengibre descascada e fresca, bem embalada, pode ser refrigerada por cerca de três semanas e congelada até seis meses. Experimente-a em nosso *Carrot Ginger Bisque* (Sopa de Cenoura e Gengibre).

Louro. O louro vem do loureiro, conhecido botanicamente como *Laurus nobilis*. As folhas elípticas dessa árvore são verdes, brilhantes e crescem até 7,5 centímetros de comprimento. Cultivado na região mediterrânea e usado nas cozinhas americanas, o louro pode estar presente em sopas, cozidos e pratos com carnes e vegetais. Suas folhas também aromatizam pratos franceses clássicos, tais como a *bouillabaisse* (sopa de peixe).

Recomendação da Cozinha

Saboreie o louro em nossa *Lentil and Mushroom Soup* (Sopa de Lentilha e Cogumelos).

Pimenta-da-jamaica. A pimenta-da-jamaica é o grão verde e seco da Pimenta dioica – uma árvore perene da família das mirtáceas. Depois de secos, os grãos se tornam bolinhas marrom escuras um pouco maiores do que as pimentas em grão. A pimenta-da-Jamaica vem da Jamaica, do México e de Honduras. Picante e perfumada, não é uma mistura de "todas as especiarias", mas o seu sabor e aroma lembram a muitas pessoas uma mistura de cravo-da-índia, canela e noz moscada.

Dicas Healing Gourmet

A pimenta-da-jamaica é usada no tempero da carne seca jamaicana e em sopas, cozidos e *curries* jamaicanos. Ela também é usada em conservas, misturas de chás de especiarias, bolos, biscoitos e tortas.

ERVAS SAUDÁVEIS

Antes da descoberta dos produtos farmacêuticos modernos, os europeus e americanos contavam com as ervas para tratar doenças e promover a saúde. Os pesquisadores agora sabem que os fitonutrientes das ervas proporcionam uma série de benefícios para a saúde, incluindo o seu funcionamento como parte do time de alimentos vegetais que cortam o colesterol. Embora existam numerosas ervas que curam, focalizaremos em algumas ervas culinárias comuns que trazem aroma à nossa cozinha e uma dose adicional de saúde para nossos alimentos.

Alecrim. O alecrim é uma erva da família das labiadas ou da hortelã. Um pequeno arbusto perene, nativo do Mediterrâneo, as folhas do *rosmarinus oficinalis* se parecem com as folhas tortas e pontiagudas do pinho. Hoje é amplamente produzido na França, Espanha, Portugal e tem um aroma fresco que lembra o pinho. O alecrim contém ácido rosmarínico, entre outros fitonutrientes, que ajuda a reduzir os fatores inflamatórios relacionados ao desenvolvimento de doenças cardíacas e outras doenças crônicas.

RECOMENDAÇÃO DA COZINHA

Experimente o alecrim em nossa *Lentil and Mushroom Soup* (Sopa de Lentilha e Cogumelos).

Coentro. Folha da planta do coriandro (*coriandrum sativum*), o coentro é uma erva da família das Umbelíferas ou da cenoura – semelhante ao anis. Cultivado na Califórnia e tradicionalmente usado na cozinha do Oriente Médio, mexicana e asiática, o sabor do coentro é uma mistura perfumada de salsa e cítrica.

RECOMENDAÇÃO DA COZINHA

Experimente esta erva aromatizada única em nossa *Wild Rice Salad* (Salada de Arroz Selvagem).

Dill. Esta planta herbácea anual leve (*anethum graveolens*) é da família das umbelíferas ou da cenoura. A semente de dill e as folhas secas são extraídas da mesma planta e são amplamente utilizadas em conservas, assim como em pratos alemães, russos e escandinavos. O aroma da semente do dill é puro, picante e lembra a alcarávia, embora suas folhas tenham um aroma semelhante, mais suave e fresco.

RECOMENDAÇÃO DA COZINHA

Nosso *Greek Orzo and Shrimp Salad* (Salada Grega de Orzo e Camarões) faz um uso delicioso do *dill*.

Hortelã. A hortelã é a folha seca de uma erva perene da família das Labiadas. Há duas espécies importantes: *mentha spicata L.* (hortelã verde) e *mentha piperita L.* (hortelã pimenta).

Recomendação da Cozinha

Experimente nossa *Tropical Fruit Compote* (Compota de Fruta Tropical) com hortelã.

Manjericão. Planta de folhas verdes brilhantes (*ocimum basilicum)* da família das labiadas ou da hortelã, o manjericão é cultivado principalmente nos Estados Unidos, França e na região do Mediterrâneo. É amplamente utilizado na cozinha italiana (sempre junto com tomates) e também é usado na cozinha tailandesa. O manjericão tem um perfume doce e de ervas, e seu nome significa "seja perfumado".

Recomendação da Cozinha

Experimente nossa *Marinated Provençale Salad* (Salada Marinada à Provençal) e faça uso dessa deliciosa erva.

Manjerona. A manjerona é a folha verde acinzentada da *marjorana hortensis*, um membro de crescimento lento da família das labiadas ou da menta. Confundida com freqüência com o orégano, a manjerona tem um sabor delicado, doce e agradável, com um tom amargo.

Recomendação da Cozinha

Experimente a manjerona em nossa *Marinated Provençale Salad* (Salada Marinada à Provençal).

Orégano. O orégano é a folha seca da *origanum vulgare L.*, uma erva perene da família das labiadas ou da hortelã. O orégano mexicano é a folha seca de uma de muitas plantas do gênero *lippia*. Cultivado na Califórnia e Novo México, assim como na região do Mediterrâneo, o orégano é a especiaria que dá à pizza o seu sabor característico. Ele também é utilizado no chili em pó. O orégano tem aroma e sabor picantes, sendo a variedade mexicana um pouco mais forte do que o orégano do Mediterrâneo.

RECOMENDAÇÃO DA COZINHA

Obtenha o orégano perfumado em nosso *Zesty Lemon Chicken* (Frango Condimentado com Limão).

Salsa. A salsa é membro da família das umbelíferas ou da cenoura e é utilizada comumente tanto para dar sabor quanto para enfeitar pratos. Embora existam mais de trinta variedades dessa erva, as mais populares são a salsa crespa e a lisa, de sabor e aroma mais acentuados.

RECOMENDAÇÃO DA COZINHA

A nossa *Middle Eastern Bulgur Salad* (Salada de Bulgur) faz uso abundante de salsa.

Sálvia. Uma erva do arbusto perene *salvia officinalis*, da família das labiadas ou da hortelã, as folhas compridas verde-acinzentadas dão uma textura aveludada, como algodão, quando friccionadas (raladas suavemente e passadas em peneira grossa). Cultivada principalmente nos Estados Unidos, assim como na Dalmácia e Albânia, a sálvia é perfumada e tem sabor adstringente e quente. O nome "sálvia" vem da palavra latina *salia*, que significa "salvar".

Tomilho. O tomilho é a folha de um arbusto de crescimento lento da família das labiadas ou da hortelã, chamado *thymus vulgaris*. Suas folhas finas verde-acinzentadas raramente são maiores do que sessenta e três milímetros de comprimento. Para uso como condimento, as folhas do tomilho são secas e depois cortadas em pedaços ou moídas. Cultivado no sul da Europa, incluindo a França, Espanha e Portugal, o tomilho também é nativo do Mediterrâneo. Tem um aroma delicado e seco e um leve sabor mentolado.

RECOMENDAÇÃO DA COZINHA

Agarre a oportunidade de experimentar o tomilho em nosso *Summer Vegetable Stew* (Cozido de Vegetais de Verão).

PARCERIAS PERFEITAS

Agora que exploramos algumas propriedades curadoras das ervas e especiarias, vamos dar uma olhada nas combinações de sabores que agradam ao paladar. Não tenha medo de experimentar e criar suas próprias misturas para criar pratos saborosos e saudáveis.

- **Abóbora.** Canela e noz moscada; pimenta-da-jamaica e pimenta vermelha
- **Abobrinha.** Hortelã e salsa; estragão e alho
- **Arroz.** Chili em pó e cominho; caril em pó, gengibre e coentro; canela, cardamomo e cravo-da-índia
- **Aves.** Alecrim e tomilho; estragão, manjerona e alho; cominho, louro e açafrão (ou açafrão-da-índia); gengibre, canela e pimenta-da-jamaica; caril em pó e tomilho
- **Batatas.** Dill e salsa; alcarávia; noz moscada e cebolinha
- **Brócolis.** Gengibre e alho; gergelim e noz moscada
- **Cenouras.** Canela e noz moscada; gengibre

- **Ervilhas.** Anis; alecrim e manjerona
- **Espinafre.** Caril em pó e gengibre; noz moscada e alho
- **Feijões (leguminosas).** Manjerona e alecrim; alcarávia e mostarda em pó
- **Massas.** Manjericão, alecrim e salsa; cominho, açafrão-da-índia e pimenta vermelha; orégano e tomilho
- **Milho.** Chili em pó e cominho; dill
- **Peixes e frutos do mar.** Cominho e orégano; estragão, tomilho, salsa e alho; tomilho, erva-doce, açafrão e pimenta vermelha; gengibre, gergelim e pimenta branca; coentro, salsa, cominho e alho
- **Repolho.** Sementes de aipo e dill; caril em pó e noz moscada
- **Tomates.** Manjericão e alecrim; canela e gengibre

Agora que você já completou a sua prateleira com ervas e especiarias que curam, no próximo capítulo daremos dicas de outros itens para serem colocados em seu carrinho de compras para reduzir o colesterol e prevenir doenças cardíacas.

Capítulo 7

FAZENDO COMPRAS SAUDÁVEIS

O primeiro passo para ter um coração saudável é fazer escolhas inteligentes no supermercado e quando fizer refeições fora de casa. Infelizmente, com tantos produtos no mercado, selecionar os itens saudáveis para abastecer a sua despensa e fazer escolhas, num restaurante, pode ser uma tarefa assustadora. Neste capítulo, daremos a você dicas práticas para se tornar um mestre em supermercado e em refeições feitas fora de casa, com vistas a cortar o seu colesterol. A *Healing Gourmet* o ajudará a decifrar rótulos de alimentos e a arte de fazer compras saudáveis.

ESTRATÉGIAS PARA UMA COMPRA INTELIGENTE

Compreender a ciência por trás de como os alimentos podem nos proteger somente será útil se pudermos traduzir essa informação e trazê-la para dentro dos nossos carrinhos de compras e, ao final, para cima de nossas mesas. A maioria de nós gasta um tempo substancial no supermercado (84% dos consumidores cozinham em casa no mínimo três vezes por semana) e por isso é difícil navegar pela seção de aperitivos para encontrar produtos mais saudáveis.

Antes que você vá às compras, faça uma lista e verifique-a duas vezes. A compra inteligente começa antes de você sair de casa. Estar despreparado faz que múltiplos itens errados, indesejados e, com freqüência, prejudiciais à saúde sejam colocados em seu carrinho de compras. Em vez de comprar por impulso, somente compre produtos que estejam fora da sua lista se o item for saudável. Se você tiver a companhia de crianças que disputam com você o corredor de doces, leve-os a explorar a seção de hortifruti e deixe-os escolher uma única fruta ou vegetal para experimentar (por exemplo, frutas como caqui, romã ou kiwi) para estimular hábitos bons e saudáveis. Ainda, procure comer antes de se aventurar no supermercado. Fazer compras com fome é uma maneira infalível de acabar fugindo da sua lista e sucumbir às escolhas não saudáveis. Fazer uma refeição ligeira o ajudará a evitar tentações que irão acabar em seu armário e em volta da sua cintura.

Quando encher o seu carrinho, torne-se um comprador de perímetro. A parte externa da loja contém muitos dos alimentos integrais que temos mencionado, para uma ótima saúde. Gaste a maior parte do seu tempo comprando verduras e frutas frescas, frutos do mar, carnes magras e laticínios. Quando escolher laticínios, opte por produtos de baixa caloria, tais como mussarela em pedaços, queijos suaves e iogurtes com baixo teor de gordura, em vez de queijos curtidos, fortes como o cheddar – que coloca sobre a sua prateleira 100 calorias para cada cubo de 30 gramas. Há muita variação no valor nutritivo dos alimentos entre as diferentes marcas, então, é importante parar, ler os rótulos e comparar as escolhas. Leia as listas de ingredientes e verifique as calorias e o açúcar, os tipos de grãos usados (grãos integrais *vs.* refinados) e os tipos de óleos usados (óleo vegetal parcialmente hidrogenado *vs.* azeite de oliva ou óleo de canola). Iremos desmistificar o rótulo dos alimentos, posteriormente, neste capítulo.

O QUE PROCURAR QUANDO SELECIONAR OS INGREDIENTES

É fácil utilizar todos os alimentos que reduzem o colesterol, ervas e especiarias mais as "gorduras saudáveis" e "carboidratos saudáveis" dos quais falamos nos capítulos iniciais. Você se lembra daquelas cores que descrevemos no Capítulo 5? Você quer procurar por aquelas mesmas cores para colocá-las em seu carrinho de compras e elaborar suas refeições com base nelas? Ainda, conforme mencionamos no Capítulo 6, o corredor de condimentos é um bom lugar para encontrar produtos que são saborosos e uma grande maneira de adicionar uma deliciosa proteção de fitonutrientes às suas refeições. Volte para aquele capítulo e certifique-se de que tem, em sua cozinha, as ervas e especiarias certas. Acrescentando, compre, para cozinhar, óleos de alta qualidade, como o azeite de oliva extra-virgem, óleo de gergelim, óleo de canola prensado a frio e outros óleos líquidos vegetais para frituras leves e molhos e marinados. Compre mostarda, vinagres, raiz forte e as ervas secas e especiarias que podem ajudar a prevenir e controlar a diabete e realmente não adicionam calorias, acrescentando muito sabor a todas as variedades de alimentos.

Comprando Carnes, Aves, Peixes e outras Fontes de Proteínas

Escolha somente as carnes e aves mais magras para ajudá-lo a reduzir o seu colesterol. Limite a quantidade total que você ingere, pois mesmo as carnes, frangos e peixes mais magros têm gordura saturada e colesterol. Também é uma boa idéia evitar refeições prontas quando fizer compras. Embora muitas refeições prontas sejam comercializadas como "frescas", muitas apresentam carnes ou aves processadas, que podem ter um perigoso efeito sobre o coração e os níveis de colesterol. Salsichas de frango ou peru têm menor teor de gordura saturada do que as de carne suína e bovina. Também há salsichas "magras" vegetarianas (feitos com soja) que têm baixo teor de gordura saturada.

Quando comprar aves, lembre-se de que a carne branca sempre contém menos gordura saturada do que a carne escura. Experimente carne fresca de peru ou frango moída que seja branca, como o peito. Acrescentando, o frango e o peru têm baixo teor de gordura saturada – especialmente quando a pele é removida –, então escolha frango e peru sem pele ou remova-a antes de comer. Você também deveria limitar as carnes de ganso e de pato, pois têm alto teor de gordura saturada – mesmo sem pele.

Vários peixes (tais como o bacalhau) têm menos teor de gordura saturada do que a carne bovina ou de ave. Experimente incluir peixes gordos (pescados em águas salgadas e frias) toda semana para o fornecimento de ômega-3, que é benéfico para o coração. Também, tenha em mente que enquanto moluscos têm pouca gordura saturada e gordura total, eles variam em conteúdo de colesterol.

Além disso, os substitutos da carne bovina, como ervilhas secas, feijões secos e tofu (queijo de soja), são grandes substitutos que têm baixo teor de gordura saturada e proporcionam uma grande quantidade de fitonutrientes. As ervilhas secas e os feijões também têm muitas fibras, as quais podem auxiliar a reduzir o colesterol do sangue. Experimente adicionar meia xícara de feijões aos pratos de massas, sopas, assados e vegetais. O tofu absorve o sabor de qualquer coisa com a qual ele é misturado; experimente misturá-lo em temperos sem gordura ou molhos de gosto forte e grelhe ou cozinhe, a fim de fazer um prato saudável para o coração.

Finalmente, busque as nozes para ter saúde! Em vez de frituras, *pretzels* e outros salgadinhos, sem nutrientes, opte por nozes e sementes cruas ou assadas, as quais são ricas em minerais, gorduras de boa qualidade e outros nutrientes que promovem a saúde. Somente certifique-se de observar o tamanho da sua porção: um quarto de xícara de amêndoas, por exemplo, contém 170 calorias.

O que Pegar no Corredor dos Laticínios

Assim como as carnes com alto teor de gordura, os alimentos normais de laticínios têm gordura – tais como leite integral, a 3%, queijo e sorvete – e também têm alto teor de gordura saturada.

As gemas de ovo têm alto teor de colesterol alimentar, uma vez que cada uma contém cerca de 213 miligramas. Os ovos inteiros podem ser parte de uma dieta saudável, mas deveriam ser limitados a três por semana. As claras dos ovos, por outro lado, não contêm colesterol, e você pode substituir ovos inteiros por elas, nas receitas (duas claras são iguais a um ovo inteiro). Você também pode utilizar, como substituto, ovo sem colesterol em lugar de ovos inteiros. Em muitos alimentos assados, você não conseguirá dizer qual a diferença.

Quando comprar leite, compre o semidesnatado em preferência ao integral. O leite desnatado a 0,5% tem tanto ou mais cálcio e outros nutrientes quanto o leite integral – com muito menos gordura saturada*.

(*) Nota:

No Brasil, o teor de gordura total nos leites varia da seguinte forma: os leites integrais apresentam no mínimo 3%; os semidesnatados, 0,6 a 2,9% e os desnatados, no máximo 0,5%.

Quando procurar por queijos fortes, escolha versões que sejam "desnatadas", "com reduzido teor de gordura", "com baixo teor de gordura" ou "semidesnatado". Escolha as variedades que tenham 2 gramas de gordura ou menos a cada 28 gramas. Quando buscar queijos suaves, escolha os de baixo teor de gordura (1%) ou queijo desnatado tipo *cottage*, queijo de fazenda (um tipo de queijo *cottage*; no Brasil temos o queijo Minas fresco *light*) ou semidesnatado ou ricota *light*. Alguns desses queijos têm 2 gramas de gordura ou menos, a cada 28 gramas. Se você estiver controlando a sua ingestão de sódio, escolha queijos com baixo teor de sódio. (Leia o rótulo para comparar o conteúdo de sódio.)

Compre iogurte com baixo teor de gordura ou desnatado; como muitos outros alimentos de laticínios, ele é uma excelente fonte de proteínas e cálcio. Tome o iogurte de baixo teor de gordura ou desnatado puro ou como cobertura ou em receitas. Experimente como cobertura de frutas. Ainda, experimente coalhadas ou *cream cheese* com baixo teor de gordura ou desnatadas. Muitos têm o sabor tão rico quanto o original mas têm menos gordura e calorias.

Frutas e Vegetais

Quando você olhar para dentro do seu carrinho de compras, a grande maioria dos alimentos selecionados deverá ser frutas e vegetais para que alcance o seu objetivo de proteger o coração com, pelo menos, cinco a nove porções por dia. Os *smoothies* de *blueberry* azuis, os saudáveis molhos marinara vermelhos, as saladas verdes e as sopas de vegetais multicoloridas deveriam ser a sua base principal. As frutas e os vegetais não só são uma fonte maravilhosa de fitonutrientes que ajudam o coração, como também são desprovidos de gordura saturada e não contêm colesterol. Os estudos mostram que ingerir uma dieta rica em frutas e vegetais pode ajudar a melhorar os níveis de colesterol, devido, em parte, à sua mistura única de fitonutrientes assim como à sua abundância de fibras e ausência de gordura saturada e colesterol.

Você pode comprar frutas e vegetais para comer como petiscos e como acompanhamentos, fazer pratos principais vegetarianos (sem carne), ou adicionar a cozidos de aves ou caçarolas. Você também pode servir frutas frescas como sobremesa ou utilizar frutas congeladas (bananas, frutas vermelhas, melões e uvas) para uma deliciosa torta de frutas gelada – assim como uma sobremesa fresca, saudável para o coração, com baixo teor de gordura coberta com iogurte, feita com as suas frutas vermelhas preferidas e salpicadas de amêndoas em pedaços.

Coloque frutas frescas numa tigela e deixe na cozinha para tornar mais fácil pegá-las e comer como petisco, ou lave e corte vegetais crus (cenouras, brócolis, couve-flor, alface etc.) e armazene-os no refrigerador para um uso rápido e fácil para cozinhar ou comer como petisco. Para desfrutar dos vegetais naturalmente saudáveis, tempere-os com ervas, especiarias, suco de limão e vinagre balsâmico (*aceto balsâmico*).

Ainda, vegetais congelados e frutas são uma maneira econômica e conveniente de comermos de forma saudável. Ter um freezer abastecido com esses artigos garante que você possa fazer uma deliciosa refeição em minutos. Experimente frutas congeladas, tais como *blueberries*, frutas vermelhas misturadas e cerejas para *smoothies* e sobremesas à base de frutas que você encontrará no Capítulo 9, ou opte por *edamame* congelado (a vagem da soja) para um aperitivo fácil de uma refeição asiática. Os vegetais misturados e embalados são perfeitos para fazer sopas, tais como a nossa *Lentil and Mushroom Soup* (Sopa de Lentilha com Cogumelos) ou saladas, como a nossa *Black Bean Salad with Artichokes, Pepper and Goat Cheese* (Salada de Feijão Preto com Alcachofras, Pimenta e Queijo de Cabra). Pesquisas mostram que o conteúdo de nutrientes de itens congelados pode ser igual ou maior do que o de alimentos frescos, os quais podem perder muitas vitaminas no transporte e manuseio.

Pães, Cereais e outros Grãos Integrais

Quando comprar alimentos do grupo de grãos, lembre-se de escolher itens integrais. Os alimentos integrais proporcionam uma abundância de fibras, minerais (tais como magnésio) e fitonutrientes para proteger o coração e têm baixo índice glicêmico. Eles também têm baixos teores de gordura saturada e não contêm colesterol alimentar, com exceção de alguns produtos como pães de padaria e pães doces feitos com leite integral, manteiga e ovos.

Compre matinais, mas limite o consumo de granolas, muslis e matinais à base de farelo de aveia, que sejam feitos com coco ou óleo de coco, os quais são ricos em gordura saturada. Use leite desnatado ou a 1%, ou experimente leite de soja, leite de amêndoa ou leite de arroz em vez de leite integral ou semidesnatado (2%) para limitar a gordura saturada e o colesterol.

Compre o arroz marrom e outros grãos integrais (tais como o bulgur, quinoa e kasha) para usar como um saudável acompanhamento. Para uma reviravolta em suas massas, experimente massas feitas com farinha de trigo integral e um molho saudável à base de tomates ou uma pequena quantidade de azeite de oliva e alho.

Evite produtos assados que sejam feitos com muita gordura saturada e *trans* – a maioria feitos de manteiga, ovos, margarina e leite integral –, tais como *croissants*, massas, bolinhos, biscoitos, pãezinhos de manteiga e sonhos. Em vez disso experimente sobremesas saudáveis integrais como os *Cinnamon Raisin Scouts* (Bolinhos de Canela e Uvas-Passas), no Capítulo 9, e outros petiscos que podem ser encontrados no corredor dos alimentos naturais do supermercado ou loja de alimentos naturais. Lembre-se, entretanto, que eles não devem ser o alimento principal – especialmente se você estiver tentando controlar o seu peso e o colesterol.

Quando comprar produtos derivados de grãos, não esqueça de ler o rótulo para certificar-se de que o produto inclui farinha "integral" e não contém "óleo parcialmente hidrogenado". Procure por itens como estes:

- Cereais integrais prontos para comer, sem adição de açúcar
- *Crackers* feitos com grãos integrais
- Pães integrais
- Palitos de pães (tipo *biscuit*) feitos com grãos integrais ou pães chatos
- Pipocas preparadas em casa com pipoqueiras de ar quente (pipocas podem ser feitas no microondas sem óleo)
- Tortilhas integrais crocantes assadas sem óleo (existem no mercado salgadinhos assados)

Gorduras e Óleos

Substituir as gorduras saturadas – como aquelas encontradas principalmente nas carnes e produtos de laticínios – por gorduras insaturadas – de fontes à base de plantas – é uma boa forma de proteger o seu coração e manter o seu colesterol sob controle. Somente certifique-se de *ser mode-*

rado na quantidade de gorduras ou óleos saudáveis para manter as calorias sob controle. Quando comprar gorduras e óleos, lembre-se de escolher óleos líquidos vegetais que sejam ricos em gorduras insaturadas, tais como óleos de canola, milho, azeitona, amendoim e açafroa.

Evite manteiga, banha de porco e margarina em tablete e aquelas com óleos parcialmente hidrogenados. Eles são ricos em gordura saturada, gorduras *trans* e colesterol. Ainda, compre maionese *light* ou sem gordura. Quando escolher molhos de salada, experimente fazer o seu com azeite de oliva e vinagre balsâmico (*aceto balsâmico*). Observe a porção para manter as calorias sob controle. Por exemplo, duas colheres de sopa de molho normal tipo italiano pode adicionar a quantidade de 14 gramas de gordura.

Margarina: Olhando mais de perto. No capítulo 3 discutimos os efeitos prejudiciais ao coração das gorduras *trans*. Infelizmente, às vezes essas gorduras escondidas são difíceis de se identificar. Quanto mais dura a margarina ou gordura vegetal, mais provável é que contenham mais gordura *trans*. Agora existem margarinas livres de gordura *trans* e muitas contêm estanóis que cortam o colesterol. Leia o rótulo de ingredientes para escolher a margarina que seja livre de gordura *trans* ou contenha óleo líquido vegetal em preferência a óleo hidrogenado ou parcialmente hidrogenado como ingrediente principal. Ainda, use o rótulo do alimento para escolher a margarina com a menor quantidade de gordura saturada. Para cozinhar escolha margarina cremosa em pote ou líquida ou aplique borrifadas de óleo vegetal. Tome cuidado com aqueles óleos parcialmente hidrogenados.

Cuidados do Comprador: Com o que Tomar Cuidado quando Estiver na Loja

Tenha cuidado com os alimentos "saudáveis" não tão saudáveis. As bebidas usadas na prática de esportes e barras energéticas não são muito mais do que açúcar reforçado com vitaminas e minerais, cada um desses pacotes concentrando 200 calorias a mais por porção. O mesmo serve para as sobremesas e petiscos que são rotulados como "orgânicos". Estes não são melhores do que os similares "convencionais" quando o assunto é nutrição.

Ainda, não se afogue no corredor das bebidas. Exceto a boa e velha H_2O e as águas aromatizadas sem calorias, não há nada no corredor das bebidas que você queira comprar. Isso também se aplica aos *iced teas* adoçados ricos em calorias, *pseudosmoothies* e bebidas com café. Não desista de comprar os chás, uma vez que estes proporcionam um completo espectro de fitonutrientes antioxidantes e ajudam a reduzir o colesterol.

COMPREENDENDO A LINGUAGEM DOS RÓTULOS

Decifrar os rótulos pode ser, de certa forma, uma tarefa assustadora, a qual muitas pessoas acham intimidadora. Armado com o conhecimento adquirido com este livro – incluindo como selecionar grãos integrais e raízes que não contêm as gorduras ruins –, você será capaz de caçar os produtos mais saudáveis para o seu coração. A primeira coisa que você deve fazer quando estiver decidindo sobre um produto é olhar para a lista de ingredientes. Essa é a informação mais detalhada sobre o que o produto contém e pode auxiliar na resposta às questões que seguem.

- **As gorduras utilizadas neste produto são saudáveis ou prejudiciais?** Lembre-se de procurar por alimentos feitos com azeite de oliva, óleos de canola ou outros óleos saudáveis e evite óleos parcialmente hidrogenados. Esta é uma preocupação particular para cereais embalados, biscoitos, *crackers*, pipocas de microondas, massas, misturas para bolos, salgadinhos de pacote e outros produtos de cereais, mas também se aplica a sopas, alimentos congelados e outros alimentos prontos para consumo de conveniência. Por favor, reporte-se ao Capítulo 3 para aprender sobre os seus amigos e inimigos do mundo das gorduras.
- **O produto é feito com grãos integrais?** Se o rótulo não disser "integral", o produto é feito com farinha refinada. Em vez de "farinha de trigo", por exemplo, procure por "farinha de trigo integral". Isso também se aplica a todos os outros grãos.
- **Quanto o produto contém de cada ingrediente?** A lista de ingredientes está em ordem decrescente. Quanto mais para baixo você for, na lista, menos daquele ingrediente o produto contém.
- **O produto contém muito açúcar?** Evite produtos com "xarope de milho, rico em frutose", assim como adoçantes à base de frutose, que apareçam no alto da lista de ingredientes. Embora os açúcares das frutas possam ser mais saudáveis quando consumidos em seu estado natural (isto é, como parte daquela deliciosa maçã vermelha), os adoçantes concentrados à base de frutose podem ter o mesmo efeito sobre a quantidade de açúcar no sangue e o mesmo número de calorias do que o açúcar puro.
- **Quanto do produto é fruta ou vegetal?** Embora o produto possa ser chamado *Strawberry Crunchies* (Crunch

de Morango), depois de ler o rótulo você poderá achar somente um traço de sabor de morango ao dirigir-se para o final da lista. Escolha alimentos que sejam densos em substâncias nutrientes e fique longe daqueles que sejam meramente calorias.

Avaliando a Porção

Os tamanhos das porções estão baseados na quantidade de alimentos que as pessoas tipicamente consomem. Portanto, muitos produtos contêm várias porções, por embalagem. Alimentos embalados em porções individuais, por exemplo, podem conter 100 calorias por "porção", mas quando você lê o "número de porções" descobre que a barra energética que acabou de comer contém três porções de 100 calorias por unidade, totalizando 300 calorias por pacote, em oposição às 100 que você pode ter presumido que ela tivesse.

Utilize a tabela 7.1 como guia para ajudá-lo a manter sob controle as suas porções e o seu colesterol.

Calorias

Olhe para as calorias e focalize a sua origem. Use as suas calorias como se você tivesse um salário diário e tente fazer o máximo com cada uma. As calorias que você come vêm de gorduras saudáveis e grãos integrais ou elas derivam de açúcares e gorduras saturadas e *trans*?

O painel de gorduras totais fornece a quantidade total de gordura por porção e também fraciona as quantidades e tipos de cada uma. Embora as gorduras *trans* possam ainda não estar listadas aqui, em muitos produtos, você pode decifrar o quanto há de gordura saturada com uma simples equação matemática.

Tabela 7.1 Tamanho das porções

Alimento	Uma porção é igual...
Arroz, cozido	½ xícara, que tem o tamanho da forminha de um minibolo
Carne, frango e peixe	85 gramas de carne magra, frango ou peixe, que é do tamanho de um maço de cartas ou de um talão de cheques
Frutas e vegetais	1 pedaço do tamanho de uma bola de tênis ou ½ xícara do tamanho de uma lâmpada
Gorduras, óleos e doces	Use com economia. Uma colher de chá de gordura equivale, aproximadamente, ao tamanho da ponta do seu dedo
Laticínios	30 gramas de queijo, que é do tamanho de 4 dados
Massa, cozida	½ xícara, que tem o tamanho de uma colher de sorvete
Pães	1 fatia de pão ou ½ rosca do tamanho de um disco de hóquei

Através da soma das gorduras saturada, monoinsaturada e poliinsaturada e depois de subtraí-las do total de gorduras, você determinará os gramas de gordura saturada presente em um produto específico.* Por exemplo, vejamos a pipoca da marca *Smart Balance*. São 9 gramas de gordura total, 3,5 de gordura saturada, 2,5 de gordura monoinsaturada e 3 gramas de gordura poliinsaturada.

(*) Nota:

No Brasil, os itens obrigatórios relacionados às gorduras, nos rótulos, são: Gorduras Totais, Gordura Saturada, Gordura *Trans*.

9 – (3,5 gramas de gordura saturada + 2,5 gramas de gordura monoinsaturada + 3 gramas de gordura poliinsaturada) = 0 gramas de gordura *trans*

Colesterol

O colesterol alimentar pode elevar o nível do seu colesterol no sangue, embora não tanto quanto as gorduras saturadas e *trans*. A seção de "valores diários" do rótulo do alimento lista a quantidade de cada nutriente do alimento contido no pacote, baseada nas recomendações nutricionais diárias reais. Alguns rótulos listam valores diários para ambas as dietas de 2.000 e 2.500 calorias.

Olhe para as Afirmações do Rótulo

Um outro aspecto da rotulagem dos alimentos são as afirmações do rótulo. Vamos dar uma olhada no significado de algumas das afirmações contidas em seus alimentos favoritos.

Uma afirmação de "livre" significa que o alimento não contém quantidade alguma (ou uma pequena quantidade) destes nutrientes: gordura, gordura saturada, colesterol, sódio, açúcar e calorias.

- "Livre de Calorias" = menos do que 5 calorias por porção.
- "Livre de gorduras" =menos de 0,5 grama de gordura por porção.*

Uma afirmação de "baixo teor" pode ser utilizada em todos os alimentos que podem ser ingeridos com freqüência sem ultrapassar o limite de um ou mais destes nutrientes: gordura saturada, colesterol, gordura, sódio e

(*) Nota:

De acordo com as normas da ANVISA para o Brasil:
Zero, 0 ou não contém: quando as quantidades forem menores ou iguais a 4 calorias (para calorias); menores ou iguais a 0,5 grama para gordura total, carboidratos e proteínas; menores ou iguais a 0,2 grama para gordura *trans* e saturada e menores ou iguais a 5 mg para sódio.

calorias. Outras palavras que significam "baixo teor" incluem *pequena quantidade*, *poucos e baixa fonte de*.

- "Baixo teor de gordura" = 1,5 grama ou menos por 100 gramas.
- "Baixo teor de gordura saturada" = 0,75 grama ou menos por 100 gramas.
- "Baixo teor de colesterol" = 5 miligramas ou menos por 100 gramas e 1,5 grama de gordura saturada por porção.
- "Baixo teor de sódio" = 120 miligramas ou menos por 100 gramas.
- "Baixa caloria" = 4 calorias ou menos por 100 gramas.

(*) Nota:
Os valores foram alterados para se enquadrarem nas definições propostas pela ANVISA – Portaria 27/1998.

Afirmações de "magro" e "extramagro" podem ser usadas para descrever a gordura saturada e o conteúdo de gordura da carne, aves, frutos do mar e carnes de caça.

- "Magro" = menos de 10 gramas de gordura e 4,5 gramas ou menos de gordura saturada, e menos de 95 miligramas de colesterol por porção.
- "Extramagro" = menos do que 5 gramas de gordura, inferior a 2 gramas de gordura saturada e menos de 95 miligramas de colesterol por porção.*

(*) Nota:
Magro e extramagro não estão definidos na legislação brasileira. Os termos *light*, *low*, pobre e leve podem ser usados pelos fabricantes nos produtos que se enquadrarem na categoria baixo teor, descrita acima.

Ainda é importante observar o tamanho da sua porção. O fato de algum alimento ter "gordura reduzida" ou "pouca caloria" não dá a você carta branca para abusar! Baseie as suas refeições em frutas, vegetais, grãos e legumes conforme descrevemos no Capítulo 5 e prepare-os de maneira saudável para o coração, para obter excelentes benefícios.

FAZENDO REFEIÇÕES SAUDÁVEIS FORA DE CASA

As refeições fora de casa são cheias de armadilhas para o paladar que podem chutar o seu colesterol vários graus acima. São muitos molhos cremosos e gorduras adicionais (muitas saturadas e *trans*). Aqui estão algumas dicas para evitar desastres alimentares quando fizer refeições fora de casa.

- **Controle o tamanho das porções.** Se pedir acompanhamento ou porção do tamanho daquela de aperitivo, divida o prato com outra pessoa ou leve um pouco para casa.
- **Escolha restaurantes que tenham, no menu, opções com baixo teor de gordura e colesterol.** E não tenha medo de fazer pedidos especiais – é direito seu como cliente pagador.
- **Evite alimentos do tipo *fast-food*.** Isso é falta de inteligência. Ingerir batatas fritas mergulhadas em óleos parcialmente hidrogenados (gorduras *trans*), um hambúrguer rico em gordura saturada e um refrigerante são uma forma infalível de cair para fora do vagão da orquestra dos instrumentos que cortam o colesterol. Muitos estabelecimentos de refeições "saudáveis" do tipo *fast-food* também (podem não ser tão inocentes quanto parecem) são culpados, então peça pelas listas de ingredientes para fazer a seleção mais inteligente. Se

você precisar fazer suas refeições fora de casa, escolha saladas com frango grelhado, sanduíches de hambúrguer vegetal ou peito de peru assado e peça que os molhos sejam colocados ao lado, para que você possa controlar a quantidade.

- **Experimente uma alternativa saudável quando pedir pizza.** Peça coberturas de vegetais, tais como pimenta verde, cebolas e cogumelos em vez de carne ou queijo extra. Para fazer a sua pizza mesmo com baixo teor de gordura, peça-a com a metade da quantidade de queijo ou sem queijo. Tome cuidado com as gorduras *trans* nas pizzas comercialmente preparadas; procure nos freezers dos supermercados por pizzas orgânicas de grão integral como a da *Amy*.*

(*) Nota:

No Brasil existem algumas lojas de produtos naturais que vendem produtos orgânicos. Algumas pizzarias apresentam opções *light* (feitas com ricota e legumes) em seus cardápios. Dê uma olhada nos ingredientes.

- **Peça que molhos de carne, manteiga, molhos fortes e de salada sejam servidos à parte.** Dessa maneira você pode controlar a quantidade de gordura saturada e o colesterol que ingere. Uma simples borrifada (não um dilúvio!) de azeite extravirgem e *aceto balsâmico* podem adicionar muito sabor.
- **Peça substituições.** Peça uma salada ou vegetais extras para substituir frituras, *coleslaw* e outros extras – ou simplesmente peça para que os extras não sejam colocados em seu prato.

Ainda, compreender como um alimento é preparado nos dá pistas importantes com relação ao seu conteúdo nutricional. A Tabela 7.2 oferece os métodos de cozimento com baixo teor de gordura saturada e de colesterol, para se procurar quando pedir, assim como os termos com os quais se deve tomar cuidado e que indicam que o prato é rico em gorduras saturadas e colesterol.

As mesmas pistas contidas no menu, que podem ser utilizadas quando tentar escolher as opções mais saudáveis, também podem ser aplicadas quando você estiver pensando nos melhores métodos para preparar, em casa, refeições saudáveis para o coração. Entretanto, lembre-se de que quando assar, você deverá colocar as carnes em uma grelha de forma que a gordura escorra para fora.

Tabela 7.2 Pistas do menu: técnicas de cozimento que cortam o colesterol

Baixo teor de gordura saturada/colesterol	Alto teor de gordura saturada/colesterol
Assado	Escalope
Assado na panela	Parmesão, holandês ou *bemaisse*
Cozido em molho de tomate	Ensopado
Cozido em seu próprio suco *(au jus)*	Frito ou crocante
Cozinhar a seco (em vinho ou suco de laranja)	Em pedaços (picadinho)
Grelhado	Gratinado ou gratinado com queijo
Levemente frito (refogado)	Caçarola (ensopados com molho gorduroso) ou torta de panela (torta com massa podre ou folhada)
Pochê	Marinado (no óleo)
Vapor	Em molho de manteiga
Vegetais frescos (crus)	Cremoso ou ao creme ou molho de queijo

SUBSTITUIÇÕES INTELIGENTES

Algumas pequenas mudanças podem ter um grande impacto sobre os seus níveis de colesterol. Vamos dar uma olhada em algumas substituições inteligentes.

- Duas colheres de sopa de manteiga podem adicionar 16 gramas *extras* de gordura saturada e 22 gramas de gordura. Entretanto, um quarto de xícara de molho picante (molho salsa) tem 0 grama de gordura saturada e não contém colesterol.
- Duas colheres de sopa de molho normal de salada, cremoso, tipo *Italian* adicionará 3 gramas *extras* de gordura saturada. O molho tipo *Italian* com gordura reduzida não adiciona gordura saturada.

PLANEJANDO AS SUAS REFEIÇÕES SAUDÁVEIS PARA O CORAÇÃO

Agora que você sabe mais sobre os alimentos que quer incluir e aqueles que quer evitar, para um coração mais saudável, mais os melhores métodos de cozimento para cortar o colesterol, a *Healing Gourmet* dará sugestões que irão ajudá-lo a aderir ao seu plano de refeições saudáveis quando fizer refeições fora de casa ou pedindo para entregar em casa (*delivery*). O princípio básico é evitar a cesta de pães. Na maioria dos casos, a massa é feita de gorduras não saudáveis (margarina hidrogenada ou manteiga) e grãos refinados. Os pães chatos (*flatbread* – feitos com água e farinha, como o pão francês ou o pão italiano) podem ser uma opção mais saudável, mas lembre-se de que rechear o pão acrescenta calorias indesejadas, com pouco benefício nutricional.

Café da manhã

- Escolha frutas frescas.
- Coma pão integral ou bolo de farinha de trigo integral com manteiga de amendoim ou amêndoa ou mel (ou margarina *light*).
- Coma cereal integral com leite com baixo teor de gordura (1%) ou desnatado.
- Coma cereal quente (aveia tradicional ou em flocos) com leite desnatado coberto com fruta e algumas nozes ou pecans.
- Faça omelete com claras de ovos ou substitutos de ovos.
- Selecione panquecas integrais com frutas vermelhas frescas.
- Tome iogurte desnatado (e experimente adicionar cereal ou fruta fresca).

Bebidas

- Beba água com limão.
- Beba água com gás aromatizada (não calórica).
- Escolha leite desnatado ou com baixo teor de gordura (1%).
- Experimente *spritzer* de suco (metade de suco de fruta e metade de água com gás).
- Beba suco de tomate (com sódio reduzido).
- Beba chá (gelado ou quente, preferivelmente verde ou preto).

Aperitivos

- Coma coquetel de camarão (mas limite o molho do coquetel – é rico em sódio).
- Coma melão ou fruta fresca.
- Selecione sopas com base em feijões ou caldos.

- Coma salada com azeite de oliva extravirgem e vinagre ou suco de limão.
- Coma vegetais grelhados.
- Coma vegetais crus com molho tipo *dip* ou apimentado.
- Coma vegetais com hummus ou *dip* de feijão preto com baixo teor de gordura.

Entradas

- Aves e peixes são escolhas saudáveis quando se fala em "carnes".
- Selecione pratos vegetarianos com grãos integrais, feijões e molhos saudáveis.
- Procure por termos como *assado*, *cozido*, *cozido no vapor*, *pochê*, *levemente frito ou salteado* e selecione esses itens.
- Peça molhos e coberturas à parte.
- Limite a quantidade de manteiga, margarina e sal que você usa à mesa.

Saladas/*Buffets* de Salada

- Selecione folhas verdes, alface e espinafre.
- Escolha vegetais frescos – tomates, cogumelos, cenouras, pepinos, pimentas, cebola, rabanete e brócolis.
- Coma feijões, grão-de-bico e feijão roxo.
- Suprima escolhas não vegetais – embutidos, *bacon*, ovos, queijo e *croutons*.
- Escolha molhos de salada com baixa caloria ou azeite de oliva com suco de limão ou vinagre.

Acompanhamentos

- Os vegetais fazem os melhores acompanhamentos aos pratos. Alguns restaurantes agora oferecem acompanhamentos mais saudáveis, tais como batata-doce, macarrão de farinha de trigo integral e arroz marrom.

- Peça acompanhamentos sem manteiga ou margarina.
- Peça mostarda, molho picante ou iogurte com baixo teor de gordura em vez de coalhada ou manteiga.

Sobremesa/Café

- Escolha frutas frescas.
- Escolha *sherbet* de frutas ou sorvete de frutas. (Estes usualmente são livres de gordura e de colesterol.) Tenha em mente, entretanto, que eles têm alto teor de açúcar.
- Peça leite com baixo teor de gordura para o seu café (em vez de creme ou *half-and-half*) (sem creme de leite ou *chantilly*) e tome cuidado com bebidas que levam café, que são ricas em calorias, açúcar e gordura. Melhor ainda, experimente uma xícara de chá livre de calorias e rico em fitonutrientes com limão ou canela.

Condimentos

- Experimente raiz forte.
- Use molho apimentado.
- Experimente molho picante.
- Use coquetel de molhos (mas limite a sua ingestão – é rico em sódio).
- Escolha mostarda.
- Use *catchup*.
- Use vinagre.
- Use limão.
- Use ervas.
- Use especiarias.
- Experimente gengibre.

Você já deve estar se sentindo incrivelmente capacitado pelas informações que tem obtido sobre os nutrientes curativos de certos alimentos. Agora é hora de colocar todas essas informações para serem utilizadas nas deliciosas e saudáveis refeições planejadas e receitas que são cortesia da *Healing Gourmet.*

Coma o seu remédio!

Capítulo 8

MINHA DOSE DIÁRIA: REFEIÇÕES PLANEJADAS PARA VOCÊ COMEÇAR

Você não tem que ser um *chef* mestre para ser um *Healing Gourmet*. Simplesmente deixe os princípios e as receitas deste livro guiá-lo. Nós incluímos receitas que se adaptam aos novatos em culinária, àqueles pressionados pelo tempo e para aqueles que querem perder peso – e nós o fizemos sem sacrificar sabor algum. A hora da refeição deve ser uma das partes mais proveitosas do seu dia, então deixe-nos ajudá-lo a fazê-la de forma saudável!

Neste capítulo você encontrará refeições planejadas para sete dias, para dois níveis diferentes de calorias: 1.500 e 2.000 calorias. Reconhecemos que os leitores têm objetivos diferentes para a sua nutrição em geral. O nível certo de caloria para um indivíduo depende de sua altura, idade, nível de atividade e objetivos de nutrição. O seu nutricionista pode ajudá-lo a selecionar um nível de calorias apropriado. Entretanto, não importa qual seja o seu nível de calorias, cada um desses níveis inclui princípios saudáveis para um planejamento de dietas. Todos os três menus usam a seguinte combinação de fontes de energia:

- **Proteínas magras** (abrangendo um total de 17 a 18% do total de calorias).
- **Gorduras saudáveis** – a maioria de gorduras monoinsaturadas e poliinsaturadas (abrangendo de 30 a 35% do total de calorias).
- **Carboidratos saudáveis** (abrangendo de 47 a 52% do total de calorias).

Ainda, todos eles incluem alimentos que:

- Limitam o uso de gordura saturada (para menos do que 8% do total de calorias).
- Evitam gorduras hidrogenadas e parcialmente hidrogenadas (gorduras *trans*).

- Têm baixo teor de colesterol (menos de 200 miligramas por dia).
- São moderados em sódio (a maioria dos dias, com menos de 3.000 miligramas).
- Têm alto teor de fibras (mínimo de 25 gramas por dia).

Finalmente, todas essas refeições estimulam:

- A ingestão de uma alimentação variada.
- A ingestão de muitas frutas e vegetais.
- A utilização de grãos integrais como a opção principal para pães, cereais, *crackers* e massas.
- A utilização de alimentos integrais, sem limites para aves, peixe e ervas frescas e especiarias.

E o mais importante, eles têm um sabor ótimo!

Nos menus deste capítulo, você encontrará refeições para o café da manhã, almoço, jantar, assim como petiscos para comer ao longo do dia. Nós também incluímos informações sobre o conteúdo nutricional para o dia e apresentamos receitas do Capítulo 9, que são indicadas com um asterisco (*). Incluímos também uma "opção vegetariana", que apresenta alternativas para o jantar. Aqueles que não comem carne também podem encontrar mais alternativas vegetarianas para almoços cheios de carnes, na seção Sopas e Saladas em nosso capítulo de receitas. Por favor, observe que, caso você tenha selecionado uma opção vegetariana, as calorias e outros nutrientes (proteínas, gorduras, carboidratos, etc.) irão variar, de certa forma, com relação à informação dada no plano de refeições. Ainda, recomendamos beber de seis a oito copos de água por dia. Você pode substituir dois dos seis copos por dia por água com gás com baixo teor de sódio, e por água mineral com limão, para acrescentar uma variação.

MINHAS REFEIÇÕES PLANEJADAS: 1.500 CALORIAS

Se você está acima do peso, alcançar um peso saudável o ajudará a prevenir doenças cardíacas e a reduzir o colesterol. Converse sempre com o seu médico ou nutricionista para decidir o que é certo para você.

1º DIA

Café da manhã

¾ de xícara de cereal rico em fibras coberto com
¾ de xícara de *blueberries*,
30 gramas de amêndoas e
¾ de xícara de leite a 1%
Água mineral

Almoço

2 fatias de pão de farinha de trigo integral coberto com
30 gramas de queijo mussarela *light*,
70 gramas de peito de peru,
2 fatias de tomate e
1 colher de chá de mostarda amarela

Lanche

1 maçã
1 colher de sopa de manteiga de amêndoas

Jantar

1 porção de Frango Grelhado com *Chile-Lime Sauce** (Frango Grelhado com Molho de Lima do Chile)
½ xícara de vagens e
½ xícara de brócolis salteados em
½ colher de azeite de oliva
1 batata-doce

Opção vegetariana! Se quiser, substitua o prato de frango por *Black Bean Burritos* (Burritos de Feijão Preto).

Lanche

½ xícara de iogurte simples desnatado coberto por
½ xícara de morangos

O QUE HÁ DENTRO? 1.512 calorias, 95 gramas de proteína, 197 gramas de carboidratos, 55 gramas de gordura total, 152 miligramas de colesterol, 11,5 gramas de gordura saturada, 1.215 miligramas de sódio, 46 gramas de fibra alimentar.

2º DIA

Café da manhã

Omelete feito com ½ xícara de substituto de ovo (ver página 156, 2º parágrafo),
2 fatias de cebola branca e
¼ de xícara de pimenta verde tipo sino picada cozida em
2 colheres de chá de óleo de canola
1 fatia de pão de farinha de trigo integral torrado coberto com
1 colher de chá de manteiga de amendoim cremosa
1 laranja

Almoço

55 gramas de frango assado ou refogado
1 xícara de salada de folhas verdes variadas coberta com
1 colher de sopa de vinagre balsâmico
2 palitos de pão (fatias finas de torrada de pão) de farinha de trigo integral
1 xícara de leite desnatado
1 pêssego

Lanche

30 gramas de amêndoas
Chá de ervas

Jantar

1 porção de *Turkey Bolognese** (Molho de Peru à Bolonhesa)
Salada de pepino e tomate cereja coberta com
1 colher de sopa de molho de óleo e vinagre

Opção vegetariana! Experimente o nosso *N' Orleans Red Beans and Rice* (Feijões Vermelhos com Arroz à N' Orleans), para uma alternativa vegetariana ao prato de peru.

Lanche

½ xícara de iogurte desnatado de baunilha

O QUE HÁ DENTRO? 1.483 calorias, 84,5 gramas de proteína, 178 gramas de carboidratos, 52 gramas de gordura total, 124 miligramas de colesterol, 11 gramas de gordura saturada, 978 miligramas de sódio, 24 gramas de fibra alimentar.

3º DIA

Café da manhã

¾ de xícara de flocos de farelo de cereal cobertos com
½ xícara de morangos frescos e
½ xícara de leite desnatado
1 bolinho inglês *(english muffins)* de farinha de trigo integral coberto com
1 colher de sopa de pasta de amêndoa

Almoço

30 gramas de pão pita de farinha de trigo integral coberto com
55 gramas de peito de peru
½ xícara de brotos de alfafa frescos,
3 fatias de tomate e
2 colheres de chá de mostarda amarela
1 xícara de abacaxi
½ xícara de leite desnatado

Lanche

1 xícara de cenouras tipo *baby*
2 colheres de sopa de humus

Jantar

1 porção de *Broiled Mahimahi with Red Bell Pepper Sauce** (*Mahimahi* cozido com Molho de Pimenta tipo Chapéu de Frade Vermelha)
Água mineral

Opção vegetariana! Experimente os nossos *Black Bean Burritos* (Burritos de Feijão Preto) para um prato vegetariano rico em proteínas.

Lanche

1 banana
Chá de ervas

O QUE HÁ DENTRO? 1.513 calorias, 82 gramas de proteína, 194 gramas de carboidratos, 56 gramas de gordura total, 129 miligramas de colesterol, 10 gramas de gordura saturada, 1.996 miligramas de sódio, 28 gramas de fibra alimentar.

4º DIA

Café da manhã

1 rosca de farinha de trigo integral coberta com
1 colher de sopa de *cream cheese* com baixo teor de gordura
½ xícara de suco de laranja

Almoço

½ xícara de grão de bico combinado com
½ xícara de milho amarelo
2 fatias de abacate fresco
1 ½ xícara de salada de folhas verdes variadas
2 colheres de chá de azeite de oliva e
1 colher de sopa de vinagre
1 bisnaga de farinha de trigo integral
1 xícara de leite desnatado

Lanche

30 gramas de mistura de nozes e castanhas

Jantar

1 porção de *Fajita Burgers**

Alface romana com cenouras e tomates, cobertos com

1 colher de sopa de vinagre balsâmico

Água mineral

Lanche

1 xícara de melancia

Chá de ervas

O QUE HÁ DENTRO? 1.492 calorias, 65 gramas de proteína, 205 gramas de carboidratos, 55 gramas de gordura total, 23 miligramas de colesterol, 11 gramas de gordura saturada, 1.415 miligramas de sódio, 39 gramas de fibra alimentar.

5º DIA

Café da manhã

1 *waffle* de farinha de trigo integral coberto com

1 xícara de framboesas

1 colher de sopa de manteiga de amêndoa e

2 colheres de chá de xarope de *maple*

Água mineral

Lanche para o meio da manhã

½ xícara de buquês de brócolis

3 colheres de sopa de humus

1 xícara de chá verde descafeinado

Almoço

2 fatias de pão de farinha de trigo integral coberto com
30 gramas de queijo suíço desnatado
55 gramas de presunto com baixo teor de sal
e de gordura,
2 colheres de chá de mostarda amarela,
3 fatias de tomate e
2 folhas de alface lisa
1 kiwi médio
½ xícara de leite desnatado

Lanche

1 xícara de iogurte desnatado de morango

Jantar

1 porção de *Roasted Red Pepper and Pesto Sandwich**
(Sanduíche de Pimenta Vermelha Assada e Pesto)
½ xícara de leite desnatado
Água mineral

Lanche

1 maçã
Chá verde descafeinado com limão

O QUE HÁ DENTRO? 1.491 calorias, 71 gramas de proteína, 196 gramas de carboidratos, 52 gramas de gordura total, 78 miligramas de colesterol, 13 gramas de gordura saturada, 2.934 miligramas de sódio, 29 gramas de fibra alimentar.

6º DIA

Café da manhã

¾ de xícara de aveia tradicional
½ maçã média
1 fatia de torrada de farinha de trigo integral
coberta com
2 colheres de chá de pasta de amendoim
1 xícara de leite desnatado

Almoço

2 fatias de pão de centeio coberto com
70 gramas de sardinhas
2 colheres de chá de mostarda amarela e
2 fatias de tomate
1 *grapefruit*
Água mineral

Lanche

30 gramas de avelãs
Chá de ervas

Jantar

1 porção de *Shangai Chicken Kabobs** (Espetos de Frango à Shangai)
1 xícara de salada de folhas verdes variadas coberta com
1 colher de sopa de vinagre balsâmico
Água mineral

Opção vegetariana! Desfrute do nosso *Roasted Italian Vegetable Terrine* (Terrina Italiana de Vegetais Assados).

Lanche

¾ de xícara de *frozen* iogurte de baunilha com baixo teor de gordura com
½ de xícara de morangos frescos
Chá de ervas

> **O QUE HÁ DENTRO?** 1.490 calorias, 88 gramas de proteína, 171 gramas de carboidratos, 51 gramas de gordura total, 206 miligramas de colesterol, 8 gramas de gordura saturada, 206 miligramas de sódio, 21 gramas de fibra alimentar.

7º DIA

Café da manhã

¾ de xícara de aveia em pedaços coberta por
1 banana e
½ xícara de leite desnatado
Água mineral

Lanche do meio da manhã

1 pêra
1 xícara de chá verde descafeinado

Almoço

70 gramas de frango grelhado
2 *crackers* de farinha de trigo integral
2 xícaras de salada combinada com
½ xícara de cenouras picadas
Fatias de pepino
1 colher de sopa de azeite de oliva extravirgem e

1 colher de sopa de vinagre balsâmico
Água mineral

Lanche

30 gramas de amendoins
Chá de ervas

Jantar

1 porção de *Old-Fashioned Chicken Stew** (Frango Ensopado à Moda Antiga)
½ xícara de brócolis
½ xícara de pimentas vermelhas e
½ xícara de cebolas salteadas em
1 colher de sopa de azeite de oliva
1 bisnaga de farinha de trigo integral
Água mineral

Opção vegetariana! Aprecie da *Zuchinni Lasagna* (Lasanha de Abobrinha) como alternativa para o frango.

Lanche

½ bolinho inglês *(english muffin)* de farinha de trigo integral coberto com
1 colher de sopa de pasta de amendoim
Chá de ervas

O QUE HÁ DENTRO? 1.519 calorias, 79 gramas de proteína, 179 gramas de carboidratos, 61 gramas de gordura total, 86 miligramas de colesterol, 10 gramas de gordura saturada, 1.673 miligramas de sódio, 32 gramas de fibra alimentar.

MINHAS REFEIÇÕES PLANEJADAS: 2.000 CALORIAS

Estas refeições planejadas se adaptam à maioria das pessoas que procuram manter um peso saudável. Entretanto, sua idade, metabolismo, hábitos relativos a exercício físico e outros fatores também entram no jogo. Então, mais uma vez, enfatizamos a importância de conversar com o seu médico para encontrar um plano que seja certo para você.

1º DIA

Café da manhã

1 bolinho inglês *(english muffin)* de farinha de trigo integral
Omelete feito com duas claras de ovo
¼ xícara de cogumelos frescos e
¼ de pimentas verdes picadas cozidas em
½ colher de sopa de óleo de canola
1 xícara de iogurte de morango desnatado
½ tangerina

Lanche do meio da manhã

¼ de xícara de humus
10 cenouras tipo *baby*
1 xícara de chá verde descafeinado

Almoço

1 xícara de sopa de lentilha
84 gramas de salmão
2 xícaras de salada de folhas verdes variadas

½ xícara de melão cantaloupe
1 xícara de leite desnatado

Lanche
56 gramas de mix de castanhas e frutas secas
Chá de ervas

Jantar
1 porção de *Solha à Florentina**
Água mineral

Opção vegetariana! Se você quiser, substitua o prato de peixe por Burritos de Feijão Preto.

Lanche
4 *crackers* de centeio coberto com
2 colheres de sopa de pasta de amendoim natural

O QUE HÁ DENTRO? 2.014 calorias, 127 gramas de proteína, 235 gramas de carboidratos, 70 gramas de gordura total, 170 miligramas de colesterol, 14 gramas de gordura saturada, 2.899 miligramas de sódio, 37 gramas de fibra alimentar.

2º DIA

Café da manhã
1 xícara de cereal matinal integral quente coberto com
30 gramas de pecans
1 xícara de leite desnatado
1 banana

Almoço

2 fatias de pão de farinha de trigo integral coberto com
110 gramas de atum (na água)
3 fatias de tomate
2 folhas de alface e
2 colheres de sopa de maionese de soja
1 xícara de leite semidesnatado
Água mineral

Lanche

1 maçã coberta com
2 colheres de sopa de manteiga de amêndoa
Chá de ervas

Jantar

1 porção de *Burritos de Feijão Preto**
Água mineral

Lanche

1 xícara de *frozen* iogurte de chocolate semidesnatado
15 gramas de nozes

O QUE HÁ DENTRO? 2.010 calorias, 97 gramas de proteína, 243 gramas de carboidratos, 79 gramas de gordura total, 63 miligramas de colesterol, 13 gramas de gordura saturada, 2.286 miligramas de sódio, 41 gramas de fibra alimentar.

3º DIA

Café da manhã

1 rosca de farinha de trigo integral coberta com
1 colher de sopa de *cream cheese* semidesnatado
½ xícara de suco de laranja
1 xícara de iogurte de *blueberry* semidesnatado

Almoço

84 gramas de peito de frango sem pele
2 xícaras de salada de folhas verdes variadas salpicadas combinadas com
84 gramas de corações de alcachofra marinada
5 tomates cereja
8 cogumelos
1 colher de sopa de azeite de oliva extravirgem e
1 colher de sopa de vinagre balsâmico
1 xícara de melão
1 pãozinho de farinha de trigo integral
1 xícara de leite desnatado

Lanche

28 gramas de sementes de girassol

Jantar

1 porção de *Charutos de Repolho Recheados com Peru**
Salada de pepino com tomates cereja e
1 colher de sopa de molho de salada de vinagre balsâmico
1 xícara de abacaxi
Água mineral

Opção vegetariana! Experimente nossos *Fajita Burgers* como alternativa.

Lanche

28 gramas de amendoins
Chá de ervas

> **O QUE HÁ DENTRO?** 1.969 calorias, 110 gramas de proteína, 247 gramas de carboidratos, 68 gramas de gordura total, 168 miligramas de colesterol, 13 gramas de gordura saturada, 2.041 miligramas de sódio, 35 gramas de fibra alimentar.

4º DIA

Café da manhã

1 xícara de aveia picada coberta com
2 colheres de sopa de uva-passa e
1 xícara de leite desnatado
2 fatias de torrada de farinha de trigo integral coberta com
1 ½ colher de sopa de pasta de amendoim natural

Lanche do meio da manhã

1 xícara de chá verde descafeinado
1 xícara de morangos

Almoço

1 xícara de sopa de minestrone, sem sal
¾ de xícara de tabule
¼ de xícara de abacate
1 pãozinho de farinha de trigo integral
1 laranja

Lanche

1 xícara de iogurte de morango semidesnatado
Água com gás com baixo teor de sódio

Jantar

1 porção de *Frango Rápido à Creole**
Salada feita com 1 xícara de alface romana
4 fatias de tomate e
1 colher de sopa de molho de salada com vinagre e óleo
1 kiwi

Opção vegetariana! O nosso Feijões Pretos com Arroz à moda Caribenha é uma alternativa vegetal deliciosa.

Lanche

30 gramas de pistache
Chá de ervas

O QUE HÁ DENTRO? 2.038 calorias, 85 gramas de proteína, 280 gramas de carboidratos, 78 gramas de gordura total, 82 miligramas de colesterol, 14 gramas de gordura saturada, 2.002 miligramas de sódio, 45 gramas de fibra alimentar.

5º DIA

Café da manhã

2 *frozen waffles* cobertos com
2 colheres de sopa de manteiga de amêndoa e
1 colher de sopa de xarope de *maple*

1 xícara de *blueberries*
Água mineral

Almoço

2 fatias de pão de centeio coberto com
84 gramas de peito de peru,
1 colher de sopa de maionese saudável,
2 folhas de alface lisa e
3 fatias de tomate
1 pêra
1 xícara de leite desnatado

Lanche

30 gramas de amendoim

Jantar

1 porção de *Truta à Veracruz**
2/3 de quinoa
1 xícara de salada de folhas verdes variadas com
Fatias de pepino e coberto com
1 colher de sopa de molho de vinagre e óleo
1 maçã
Água mineral

Opção vegetariana! Experimente nosso Sanduíche de Pimenta Vermelha Assada e Pesto com salada de folhas verdes misturadas como alternativa.

Lanche

1 xícara de iogurte desnatado de limão
1 xícara de chá verde descafeinado

O QUE HÁ DENTRO? 2.023 calorias, 107 gramas de proteína, 256 gramas de carboidratos, 71 gramas de gordura total, 279 miligramas de colesterol, 12 gramas de gordura saturada, 1.437 miligramas de sódio, 25 gramas de fibra alimentar.

6º DIA

Café da manhã

1 xícara de farelo de cereal e uva-passa cobertos com
1 banana e
1 xícara de leite desnatado
1 porção de substituto de ovo cozido em
½ colher de sopa de óleo de canola

Almoço

1 xícara de cozido vegetariano
1 pão tipo pita de farinha de trigo integral coberto com
30 gramas de carne de caranguejo
1 xícara de uvas

Lanche

1 colher de sopa de manteiga de amendoim natural
1 maçã

Jantar

2 fatias de *Pizza Portobello**
1 xícara de salada de folhas verdes variadas
combinada com
5 azeitonas verdes

4 pedaços de tomate
2 fatias de cebola roxa
1 colher de sopa de azeite de oliva extravirgem e
1 colher de sopa de vinagre
Água mineral

Lanche

30 gramas de amêndoas
Chá de ervas

O QUE HÁ DENTRO? 2.012 calorias, 125 gramas de proteína, 235 gramas de carboidratos, 71 gramas de gordura total, 78 miligramas de colesterol, 14 gramas de gordura saturada, 2.891 miligramas de sódio, 33 gramas de fibra alimentar.

7º DIA

Café da manhã

1 xícara de aveia tradicional coberta com
2 colheres de sopa de nozes (nozes inglesas) e
1 colher de sopa de amoras secas
1 laranja
1/3 de queijo *cottage* semidesnatado

Lanche do meio da manhã

1 xícara de iogurte normal coberto com
½ xícara de morangos
1 xícara de chá verde descafeinado

Almoço

1 tortilla de farinha de trigo integral coberta com
½ xícara de feijões refritos vegetarianos (uma espécie de tutu de feijão)
30 gramas de queijo semidesnatado *Monterey Jack* e
½ de molho apimentado
1 nectarina
Água mineral

Lanche

30 gramas de misturas de nozes e castanhas

Jantar

1 porção de *Bagre Americano Frito no Forno**
1 batata-doce
½ xícara de cebolas
½ xícara de abobrinha e
½ xícara de pimenta vermelha tipo sino salteada em
1 colher de sopa de azeite de oliva
1 pãozinho de farinha de trigo integral
1 xícara de melão cantaloupe
Água mineral

Opção vegetariana! Experimente nosso *Garden Fresh Pasta Sauce* com linguine de farinha de trigo integral e uma salada de folhas verdes variadas como alternativa.

Lanche

1 bolinho inglês *(english muffins)* de farinha de trigo integral coberto com
2 colheres de sopa de pasta de amendoim
½ xícara de leite desnatado

O QUE HÁ DENTRO? 2.025 calorias, 104 gramas de proteína, 257 gramas de carboidratos, 78 gramas de gordura total, 98 miligramas de colesterol, 15 gramas de gordura saturada, 2.830 miligramas de sódio, 43 gramas de fibra alimentar.

Capítulo 9

RAIO-X GOURMET: RECEITAS

Agora que nós já exploramos os nutrientes e alimentos para ajudá-lo a reduzir o colesterol e protegê-lo contra as doenças cardíacas, vamos colocá-lo em contato com estes deliciosos pratos. Aqui você encontrará cinqüenta receitas, adaptadas para *chefs* novatos, que trazem uma dose saudável de nutrientes e sabor. Por favor, observe que os ingredientes opcionais não estão incluídos na informação nutricional. Bom Apetite!

SOPAS E SALADAS

Tidas, há pouco tempo, como itens de acompanhamento, as sopas e saladas têm um papel de estrelas em nossa saúde. Os vegetais frescos e uma variedade de feijões ajudam a proteger as suas células dos danos da oxidação.

Black Bean Salad with Artichokes, Pepper and Goat Cheese (Salada de Feijões Pretos com Alcachofras, Pimenta e Queijo de Cabra)

Esta salada contém baixo IG, feijões pretos ricos em fibras para ajudar a reduzir o colesterol, mais licopeno e vitaminas para um coração saudável. Enxágüe os miolos de alcachofra marinados para ajudar a reduzir a quantidade de gordura.

1 lata de 455g de feijões pretos (pode-se substituir por feijão cozido *in natura*)
⅔ de xícara de pimenta vermelha tipo sino picada
½ xícara de cebola tipo Vidalia ou outra cebola amarela
1 pote de 170 g de corações de alcachofra marinados, picados
1 maço de rúcula, sem talo, enxaguada e drenada
56g de queijo de cabra suave *(Montrachet)*

Misture os feijões, a pimenta tipo sino e a cebola numa tigela média. Coloque as alcachofras e misture. Coloque uma camada de rúcula em dois pratos. Espalhe a salada de feijão sobre a rúcula. Cubra com queijo de cabra e sirva.

2 porções *(tamanho da porção: metade da receita)*

PORÇÕES DE FRUTAS E VEGETAIS: 3 vegetais; **fitonutrientes que reduzem o colesterol:** fitoestrogênios, carotenóides e sulfuretos.

INFORMAÇÃO NUTRICIONAL: 380 calorias, 22 gramas de proteína, 13 gramas de gordura total, 4 gramas de gordura saturada, não contém gordura *trans*, 15 miligramas de colesterol, 47 gramas de carboidratos, 17 gramas de fibra alimentar, 1.130 miligramas de sódio.

Carrot Ginger Bisque
(Sopa de Cenoura e Gengibre)

Se você nunca experimentou gengibre fresco, seu sabor é apimentado e levemente doce – o complemento perfeito para as cenouras nesta sopa de verduras deliciosa.

910g de cenouras, lavadas e picadas
1 gengibre grande, descascado e cortado em fatias finas
2 colheres de sopa de óleo de canola
2 xícaras de leite de soja ou leite desnatado
½ colher de chá de noz moscada fresca moída
Pimenta-do-reino moída na hora (opcional)

Encha uma panela grande com água. Adicione as cenouras, metade do gengibre e o óleo. Leve à fervura e cozinhe até que as cenouras fiquem macias. Escorra as cenouras, reservando 2 xícaras do caldo. Coloque as cenouras e o caldo num processador de alimentos. Processe por partes até ficar liso, adicionando o leite e a água para obter a consistência desejada. Devolva a mistura à panela para manter quente; sirva com salpicos de noz moscada e pimenta-do-reino moída, se desejar.

8 porções (tamanho da porção: 1 xícara)

PORÇÕES DE FRUTAS E VEGETAIS: 2 vegetais; **fitonutrientes que reduzem o colesterol:** gingeróis, carotenóides e fitoestrogênios.

INFORMAÇÃO NUTRICIONAL: 120 calorias, 4 gramas de proteína, 5 gramas de gordura total, 0,5 grama de gordura saturada, não contém gordura *trans* e colesterol, 16 gramas de carboidratos, 4 gramas de fibra alimentar, 115 miligramas de sódio.

Corn Chowder *(Sopa Cremosa de Milho)*

Esta sopa cremosa e estimulante proporciona um conjunto de vitaminas B.

1 colher de sopa de óleo vegetal
2 colheres de sopa de aipo finamente cortado em cubos
2 colheres de sopa de cebola amarela finamente cortada em cubos
2 colheres de sopa de pimenta verde tipo sino finamente cortada em cubos
1 embalagem de 284 g de semente integral de milho congelada
1 xícara de batatas cruas, sem casca, cortadas em cubos de 1cm

1 colher de chá de sal
Pimenta-do-reino moída na hora
¼ de colher de chá de páprica doce
2 xícaras de leite desnatado ou semidesnatado (1%)
2 colheres de sopa de farinha
2 colheres de sopa de salsa fresca italiana, picada

Aqueça o óleo numa panela média. Adicione o aipo, a cebola e a pimenta verde e refogue por 2 minutos. Adicione o milho, as batatas, 1 xícara de água, sal, a pimenta e a páprica. Leve à fervura; reduza o fogo para médio e cozinhe, tampado, por cerca de 10 minutos ou até que as batatas estejam macias. Coloque ½ xícara de leite numa jarra com uma tampa justa. Adicione a farinha e agite vigorosamente. (De modo alternado, despeje rapidamente numa xícara grande ou numa tigela pequena para misturar.) Adicione gradualmente aos vegetais cozidos, até que a mistura comece a ferver e a engrossar. Sirva decorado com salsa.

*8 **porções** (tamanho da porção: 1 xícara)*

PORÇÕES DE FRUTAS E VEGETAIS: 1 vegetal; **fitonutrientes que reduzem o colesterol:** luteína, sulfidos e carotenóides.

INFORMAÇÃO NUTRICIONAL: 100 calorias, 4 gramas de proteína, 2,5 gramas de gordura total, 0,5 grama de gordura saturada, 0,02 grama de gordura *trans*, 5 miligramas de colesterol, 16 gramas de carboidratos, 1,5 grama de fibra alimentar, 105 miligramas de sódio.

Greek Orzo and Shrimp Salad
(Salada Grega de Orzo e Camarões)

Camarões ricos em proteínas e o orzo – uma delicada massa em forma de arroz, perfeito para saladas – acompanhados por ervas e vegetais, para fazer um prato delicioso.

2 xícaras de orzo
4 cebolinhas, picadas
½ xícara de queijo tipo feta esfarelado
2 colheres de sopa de *dill* fresco picado, mais os raminhos
2 colheres de sopa de suco de limão fresco
455g de camarões, sem casca e limpos
1 pepino médio, cortado em quatro pedaços no sentido do comprimento e picado
1 medida de tomate cereja, divididos ao meio

Cozinhe o orzo, por cerca de 10 minutos, até que fique macio; escorra e enxágue. Escorra novamente. Coloque o orzo numa tigela grande. Adicione a cebolinha, o queijo feta, o *dill* e o suco de limão. Cozinhe os camarões em água fervente por cerca de 2 minutos ou somente até que fiquem brancos e prontos, tomando cuidado para não cozinhar demais; escorra e enxágüe. Junte à mistura de orzo. Adicione o pepino e os tomates. Enfeite com os raminhos de dill e sirva.

4 porções *(tamanho da porção: 1 xícara)*

PORÇÕES DE FRUTAS E VEGETAIS: 2½ vegetais; **fitonutrientes que reduzem o colesterol:** sulfuretos, licopeno e terpeno.

INFORMAÇÃO NUTRICIONAL: 370 calorias, 30 gramas de proteína, 6 gramas de gordura total, 3,5 gramas de gordura saturada, não contém gordura *trans*, 185 miligramas de colesterol, 50 gramas de carboidratos, 4 gramas de fibra alimentar, 420 miligramas de sódio.

Lentil and Mushroom Soup
(Sopa de Lentilhas e Cogumelos)

Não fique limitado às tradicionais lentilhas secas marrons – experimente as lentilhas vermelhas ou amarelas para uma mudança de cor e sabor.

1 colher de sopa de azeite de oliva extravirgem
2 xícaras de cebola amarela picada
2 dentes de alho grandes, moídos
2 xícaras de lentilha, enxaguada
2 xícaras de cenouras em cubos
2 xícaras de cogumelos cortados em fatias
1 xícara de aipo em cubos
1 folha de louro
1 colher de chá de alecrim
Uma pitada de pimenta vermelha amassada
1 xícara de tomates italianos sem semente, picados
1 colher de sopa de vinagre de vinho tinto
½ xícara de salsa fresca italiana

Aqueça o azeite numa panela. Adicione a cebola e frite levemente, durante cerca de 10 minutos, até que fique macia. Adicione alho; mexa. Adicione 6 xícaras de água, as lentilhas, as cenouras, o cogumelo, o aipo, o louro, o alecrim e a pimenta vermelha amassada. Leve à fervura, reduza o fogo para a temperatura média e cozinhe lentamente por 45 minutos. Tire o louro. Adicione os tomates, o vinagre e cozinhe lentamente por 5 minutos. Salpique com a salsa e sirva.

6 *porções* *(tamanho da porção: 1 xícara)*

PORÇÕES DE FRUTAS E VEGETAIS: 2½ vegetais; **fitonutrientes que reduzem o colesterol:** fitoestrogênios, alicina, sulfuretos e licopeno.

INFORMAÇÃO NUTRICIONAL: 310 calorias, 21 gramas de proteína, 2,5 gramas de gordura total, não contém gordura saturada, gordura *trans* e colesterol, 55 gramas de carboidratos, 11 gramas de fibra alimentar, 55 miligramas de sódio.

Marinated Provençale Salad

(Salada Marinada à Provençal)

Alho, tomates e azeite de oliva são a marca registrada dos pratos da região da Provence, na parte sudeste da França.

4 pimentas vermelhas tipo sino grandes, cortadas em quatro no sentido do comprimento
4 abobrinhas amarelas médias, cortadas em fatias finas no sentido do comprimento

3 colheres de sopa de azeite de oliva extravirgem
4 berinjelas japonesas grandes, cortadas em fatias no sentido do comprimento
¼ de xícara de manjericão fresco picado
¼ de xícara de ervas frescas moídas (ou alguma mistura de orégano, manjerona, tomilho, salsa)
3 dentes grandes de alho, amassados
½ xícara de vinagre balsâmico
6 tomates, cortados em fatias
¼ de xícara de azeitonas francesas *niçoise*

Preaqueça o *char-broiler** e coloque as pimentas com a casca para cima sobre a grelha. Grelhe até que a casca fique preta, rearranjando se necessário. Coloque numa embalagem de papel e deixe separado para esfriar e amaciar. Arrume a abobrinha sobre a grelha, pincele com o azeite e grelhe por 4 minutos de cada lado. Repita o mesmo processo com as berinjelas; mantenha os vegetais separados. Tire a casca e fatie bem fino as pimentas. Misture todas as ervas e o alho numa tigela. Alterne camadas de abobrinha, tiras de pimenta e berinjelas sobre um recipiente que tenha tampa que feche hermeticamente, borrifando com azeite, vinagre e ervas. Reserve o azeite, o vinagre e as ervas restantes. Leve à geladeira por uma noite. Quando estiver pronta para servir, arrume as fatias de tomate sobre os vegetais. Borrife com o azeite, o vinagre e as ervas. Coloque azeitonas por cima e sirva.

(*) Nota:

Grelha para carnes e legumes, composta por uma grade colocada sobre a fonte de calor (pode usar gás ou eletricidade).

8 ***porções*** *(tamanho da porção: 1 xícara)*

PORÇÕES DE FRUTAS E VEGETAIS: 10 vegetais; **fitonutrientes que reduzem o colesterol:** luteína, sulfidos, carotenóides e licopeno.

INFORMAÇÃO NUTRICIONAL: 190 calorias, 5,5 gramas de proteína, 7 gramas de gordura total, 1 grama de gordura saturada, não contém gordura *trans* e colesterol, 34 gramas de carboidratos, 13 gramas de fibra alimentar, 160 miligramas de sódio.

Mediterranean Fish Chowder
(Sopa de Peixe do Mediterrâneo)

Tenha o seu paladar aflorado numa viagem ao Mediterrâneo com esta deliciosa sopa de peixe. Não é de se admirar que os mediterrâneos desfrutam de baixa incidência de doenças cardíacas. Esta sopa de peixe, à base de tomate, fornece o licopeno e ácidos graxos ômega-3 que são saudáveis para o coração.

2 colheres de sopa de azeite de oliva extravirgem
1 dente de alho grande, moído
3 cenouras grandes, cortadas em tiras finas
2 xícaras de aipo cortado em fatias
½ xícara de cebola amarela cortada em pedaços pequenos
¼ de xícara de pimenta verde tipo sino cortada em pedaços pequenos
1 lata de 725g de tomates inteiros, cortados, com líquido

Aqueça o azeite numa panela grande. Frite levemente no azeite o alho, as cenouras, o aipo, a cebola e a pimenta verde por 3 minutos. Acrescente os tomates, o suco de molusco, o tomilho, o manjericão e a pimenta. Cubra e deixe ferver em fogo brando de 10 a 15 minutos.

1 xícara de caldo de moluscos
¼ de colher de chá de tomilho seco esmagado
¼ de colher de chá de manjericão seco esmagado
⅛ de colher de chá de pimenta-do-reino
910 g de filés de peixes variados (*haddock*, peixe porco, linguado, bacalhau, solha), cortados em cubos de 2,5 cm
¼ de xícara de salsa fresca italiana, picada ou até que os vegetais estejam macios ao toque do garfo.

Acrescente o peixe e a salsa. Cozinhe lentamente, tampado, por mais 5 a 10 minutos ou até que o peixe desmanche facilmente quando tocado com um garfo e esteja opaco. Sirva quente.

8 porções (tamanho da porção: 1 xícara)

PORÇÕES DE FRUTAS E VEGETAIS: 1 vegetal; **fitonutrientes que reduzem o colesterol:** sulfuretos, carotenóides e licopeno.

INFORMAÇÃO NUTRICIONAL: 174 calorias, 23 gramas de proteína, 5 gramas de gordura total, não contém gordura *trans*, 55 miligramas de colesterol, 9 gramas de carboidratos, 2 gramas de fibra alimentar, 340 miligramas de sódio.

Middle Eastern Bulgur Salad (Salada de Bulgur)

Um produto nutritivo do Oriente Médio, o trigo bulgur consiste em grãos de trigo que foram cozidos no vapor, secos e triturados. Ele tem uma textura mastigável macia e é perfeito para um almoço leve ou como acompanhamento para um prato com poucas calorias de peixe e frango.

1 colher de sopa de azeite extravirgem
1 xícara de cebola Vidalia em cubos ou outra cebola amarela doce
2 dentes de alho grandes, picados
1 xícara de bulgur
1 lata de 440g de tomates inteiros
⅓ de xícara de salsa fresca italiana ou manjericão
Pimenta-do-reino moída na hora

Numa panela média, aqueça o azeite. Acrescente a cebola e mexa com uma colher de pau por 1 minuto. Misture o alho e o bulgur; cozinhe por 2 minutos. Adicione os tomates, 1¾ de xícara de água e a salsa ou o manjericão. Abaixe o fogo, tampe e cozinhe em fogo brando por 15 a 20 minutos. Afofe com o garfo e sirva. Salpique com pimenta-do-reino moída na hora.

6 porções *(tamanho da porção: 1 xícara)*

PORÇÕES DE FRUTAS E VEGETAIS: ⅓ de vegetal; **fitonutrientes que reduzem o colesterol:** sulfidos e carotenóides, licopeno e alicina.

INFORMAÇÃO NUTRICIONAL: 140 calorias, 4,5 gramas de proteína, 3 gramas de gordura total, não contém gordura saturada, gordura *trans* e colesterol, 27 gramas de carboidratos, 4 gramas de fibra alimentar, 200 miligramas de sódio.

Texas Chilli (Chili à moda do Texas)

Os texanos têm um grande gosto por chili... e esta receita iria agradar a qualquer um deles (não importa onde eles vivam!). Cheio de sabor, fibras e fitonutrientes, este chili pode ajudar a colocar arreios em seu colesterol.

2 colheres de sopa de óleo de canola
½ xícara de cebola amarela picada
½ xícara de pimenta verde tipo sino picada
1 dente de alho, picado
1 pimenta jalapeño pequena, sem sementes e moída (ou ½ colher de chá de pimenta cayenne)
1 colher de chá de cominho moído
1 lata de 412g de tomates cortados em cubos ou desmanchados, com líquido
1 colher de chá de orégano fresco moído
1 colher de sopa de coentro picado
1 lata de 426g de feijões pintados, enxagüados e escorridos (ou duas xícaras de feijões cozidos)
Pimenta-do-reino moída na hora

Numa panela média, aqueça o óleo sobre fogo médio para alto. Frite levemente, durante cerca de 6 a 7 minutos, a cebola, a pimenta tipo sino e o alho, até que as cebolas fiquem macias. Misture a pimenta jalapeño e o cominho e cozinhe, mexendo constantemente, cerca de 30 segundos, até que o cominho comece a cheirar. Adicione os tomates, o orégano e o coentro; reduza o fogo para a temperatura média e cozinhe em fogo brando por 10 minutos ou até que a mistura engrosse levemente. Adicione os feijões e a pimenta para dar sabor. Cozinhe em fogo brando por 10 minutos. Deixe descansar por 20 minutos para permitir que os sabores se misturem.

*8 **porções** (tamanho da porção: 1 xícara)*

PORÇÕES DE FRUTAS E VEGETAIS: aproximadamente 2½ vegetais; **fitonutrientes que reduzem o colesterol:** fitoestrogênios, licopeno e sulfidos.

INFORMAÇÃO NUTRICIONAL: 340 calorias, 17 gramas de proteína, 6 gramas de gordura total, 0,5 grama de gordura saturada, não contém gordura *trans*, 15 miligramas de colesterol, 60 gramas de carboidratos, 2 gramas de fibra alimentar, 570 miligramas de sódio.

Wild Rice Salad (Salada de Arroz Selvagem)

O sabor magnífico de nozes trituradas fazem do arroz selvagem o grão perfeito para adicionar a esta salada colorida e cheia de sabor.

4 xícaras de arroz selvagem, cozido ou que tenha ficado de molho durante a noite
2 pepinos médios, cortados em pedaços finos

2 pimentas tipo sino vermelhas ou amarelas, cortadas em pedaços finos
1 jicama, cortada em pedaços
2 tomates médios, cortados em pedaços finos
4 talos de aipo, cortados finos
6 cebolinhas ou 1 cebola amarela pequena, cortada em pedaços finos
1 xícara de coentro fresco picado, salsa italiana de folhas chata ou manjericão
1 abacate grande, sem casca e sem caroço
½ a 1 xícara de suco de tomatinho cereja ou repolho azedo
Uma pitada de pimenta vermelha
Coentro, manjericão ou salsa picados para dar sabor

Coloque os primeiros oito ingredientes juntos em uma tigela grande. Numa tigela separada, misture os próximos quatro ingredientes até que fiquem cremosos. Borrife o molho sobre a salada e sirva.

8 porções (tamanho da porção: 1 xícara)

PORÇÕES DE FRUTAS E VEGETAIS: ½ fruta e 3 vegetais; **fitonutrientes que reduzem o colesterol:** sulfuretos, carotenóides e licopeno.

INFORMAÇÃO NUTRICIONAL: 186 calorias, 6 gramas de proteína, 4 gramas de gordura total, 0,6 grama de gordura saturada, não contém colesterol e gordura *trans*, 33 gramas de carboidratos, 8 gramas de fibra alimentar, 34 miligramas de sódio.

FRANGO E AVES

As carnes de aves proporcionam um conjunto de vitaminas B que ajudam a reduzir os níveis de homocisteína, prejudicial ao coração, enquanto trazem uma boa fonte de proteínas que equilibram a quantidade de açúcar no sangue.

Arroz con Pollo (Arroz com Frango)

Traduzido literalmente como "arroz com frango", este prato saboroso espanhol e mexicano é sempre um sucesso e traz vegetais que controlam o colesterol.

6 pedaços de frango (coxas e peito) com a pele
2 colheres de chá de óleo vegetal
2 tomates médios, sem sementes e picados
½ xícara de pimenta verde tipo sino picada
¼ xícara de pimenta vermelha tipo sino picada
¼ de xícara de aipo, em cubos
1 cenoura média, ralada
¼ de xícara de milho congelado
½ xícara de cebola amarela picada
¼ de xícara de coentro fresco
2 dentes de alho grandes, cortados finos
⅛ de colher de chá de sal
⅛ de colher de chá de pimenta do reino
2 xícaras de arroz de grão longo, cru
½ xícara de ervilhas congeladas
57g de azeitonas espanholas, sem caroço
¼ de xícara de uvas-passas

Numa panela grande, doure os pedaços de frango no óleo. Adicione 4 xícaras de água, os tomates, as pimentas verdes e vermelhas, o aipo, a cenoura, o milho, a cebola, o coentro, o alho, o sal e a pimenta do reino. Tampe e cozinhe em fogo médio por 20 a 30 minutos ou até que o frango esteja cozido por dentro. Tire o frango da panela e coloque no refrigerador. Adicione o arroz, a ervilha e as azeitonas à panela. Tampe a panela e cozinhe em fogo baixo por cerca de 20 minutos, até que o arroz esteja cozido. Corte o frango em pedaços, depois devolva-o à panela, adicionando as uvas-passas; cozinhe por mais 8 minutos.

6 porções *(tamanho da porção: 1 xícara de arroz e 1 pedaço de frango)*

PORÇÕES DE FRUTAS E VEGETAIS: ⅓ de frutas e aproximadamente 1 ½ vegetais; **fitonutrientes que reduzem o colesterol:** luteína, sulfuretos e carotenóides.

INFORMAÇÃO NUTRICIONAL: 480 calorias, 33 gramas de proteína, 9 gramas de gordura total, 2 gramas de gordura saturada, não contém gordura *trans*, 75 miligramas de colesterol, 64 gramas de carboidratos, 5 gramas de fibra alimentar, 300 miligramas de sódio.

Turkey Bolognese (Molho de Peru à Bolonhesa)

O peru dá uma nova apresentação para este prato que tem o nome do rico estilo da cozinha de Bologna, Itália. Nossa versão utiliza peru magro moído para ajudá-lo a proteger o seu coração e reduzir o colesterol.

Spray culinário antiaderente (podem ser encontrados no supermercado como *spray* para untar)
455g de peru 98% magro, moído
1 lata de 795g de tomates, cortados
1 xícara de pimenta verde tipo sino cortada em fatias finas
1 xícara de cebola amarela cortada em fatias finas
2 dentes de alho, moídos
1 colher de chá de orégano seco amassado
1 colher de chá de pimenta-do-reino
455g de espaguete, cru

Borrife uma frigideira grande com o *spray* antiaderente ou passe margarina ou óleo. Preaqueça no fogo médio para alto. Adicione o peru e cozinhe por 5 minutos, mexendo de vez em quando. Escorra toda a gordura e descarte. Misture os tomates com o suco, a pimenta verde, a cebola, o alho, o orégano e a pimenta-do-reino com o peru. Leve à fervura; reduza o fogo. Cozinhe lentamente, tampado, em fogo baixo por 15 minutos, mexendo de vez em quando. Retire a tampa; cozinhe lentamente em fogo baixo por mais 15 minutos. (Se você preferir um molho mais cremoso, bata-o rapidamente no liqüidificador ou no processador de alimentos.) Enquanto isso, cozinhe o espaguete numa panela grande com água fervente sem sal, por 10 a 20 minutos. Escorra bem. Sirva o molho sobre o espaguete.

6 porções *(tamanho da porção: ½ xícara de molho e 1 xícara de espaguete.)*

PORÇÕES DE FRUTAS E VEGETAIS: aproximadamente ½ vegetal; **fitonutrientes que reduzem o colesterol:** sulfuretos e licopeno.

INFORMAÇÃO NUTRICIONAL: 460 calorias, 27 gramas de proteína, 9 gramas de gordura total, 2 gramas de gordura saturada, não contém gordura *trans*, 55 miligramas de colesterol, 67 gramas de carboidratos, 4 gramas de fibra alimentar, 260 miligramas de sódio.

Turkey Stuffed Cabbage
(Charutos de Repolho Recheados com Peru)

Uma entrada européia saudável, este prato saboroso é rico em fibras e fitonutrientes que ajudam o coração.

1 cabeça de repolho verde
455g de peru 98% magro, moído
2 cebolas amarelas pequenas, 1 moída e 1 em fatias
1 fatia de pão integral amanhecido, esfarelado
1 colher de sopa de suco fresco de limão
⅛ de colher de chá de pimenta-do-reino
1 lata de 455g de tomates cortados em cubos
1 cenoura média, em fatias

Enxágüe e retire o talo do repolho. Cuidadosamente, remova as dez folhas de fora, coloque-as numa panela e cubra com água fervente. Cozinhe lentamente em fogo brando por 10 minutos. Remova as folhas cozidas do repolho e escorra num papel toalha. Pique ½ xícara de repolho cru e reserve. Doure o peru moído e a cebola moída na frigideira. Escorra e retire toda a gordura. Coloque numa tigela a mistura de carne cozida e enxaguada, os farelos de pão, ¼ de xícara de água, o suco de limão e a pimenta.

Escorra os tomates, reservando o líquido, e adicione ½ xícara do suco do tomate da lata à mistura de carne. Misture bem e depois coloque ¼ de xícara do recheio sobre cada folha de repolho cozida. Coloque na frigideira com lado dobrado para baixo. Adicione os tomates, a cebola em fatias, 1 xícara de água, o repolho picado e a cenoura. Tampe e cozinhe lentamente em fogo brando por cerca de 30 minutos (ou até que a cenoura esteja macia), mexendo de vez em quando. Remova os rolos de repolho para uma travessa; sirva quente.

***5 porções** (tamanho da porção: 2 rolos)*

PORÇÕES DE FRUTAS E VEGETAIS: 4 vegetais; **fitonutrientes que reduzem o colesterol:** luteína, sulfuretos e carotenóides.

INFORMAÇÃO NUTRICIONAL: 260 calorias, 22 gramas de proteína, 9 gramas de gordura total, 2,5 gramas de gordura saturada, não contém gordura *trans*, 70 miligramas de colesterol, 23 gramas de carboidratos, 6 gramas de fibra alimentar, 410 miligramas de sódio.

Zesty Lemon Chicken
(Frango ao Limão)

Os óleos aromáticos com tempero cítrico adicionam muito sabor aos alimentos e este prato de frango não é uma exceção. Sirva esta entrada magra e de aroma especial com arroz pilaf marrom e vegetais variados.

4 peitos de frango de 170g, sem pele e sem gordura
½ xícara de suco de limão fresco
2 colheres de sopa de vinagre de vinho branco
½ xícara de casca de limão fresca cortada em pedaços
3 colheres de chá de orégano fresco picado (ou 1 colher de chá de orégano seco amassado)
1 cebola média, fatiada
¼ de colher de chá de sal marinho
Pimenta-do-reino moída na hora
Páprica

Coloque o frango numa vasilha de vidro refratária de 33cm x 23cm x 5cm. Misture o suco do limão, o vinagre, a casca do limão, o orégano e a cebola e regue o frango. Cubra e marine, no refrigerador, por 4 horas ou durante a noite, virando às vezes. Quando estiver na hora de servir, salpique com o sal marinho, a pimenta e a páprica para dar sabor. Cubra o refratário com papel alumínio e asse a 163 °C por 30 minutos. Descubra e asse por mais 20 minutos ou até que o frango esteja cozido por dentro.

4 porções (*tamanho da porção: 1 peito de frango com molho)*

PORÇÕES DE FRUTAS E VEGETAIS: ½ vegetal; **fitonutrientes que reduzem o colesterol:** luteína, sulfuretos e carotenóides.

INFORMAÇÃO NUTRICIONAL: 210 calorias, 35 gramas de proteína, 4 gramas de gordura total, 1 grama de gordura saturada, não contém gordura *trans*, 95 miligramas de colesterol, 9 gramas de carboidratos, 2 gramas de fibra alimentar, 200 miligramas de sódio.

Old-Fashioned Chicken Stew

(Frango Ensopado à Moda Antiga)

Um alimento estimulante, sem culpa! Experimente a nossa versão saudável para o coração de um prato antigo favorito.

8 pedaços de frango (peito ou coxas)
2 dentes de alho pequenos, moídos
1 cebola amarela pequena, cortada em pedaços
1½ colher de chá de sal marinho
½ colher de chá de pimenta-do-reino moída na hora
3 tomates médios, cortados em pedaços
1 colher de chá de salsa italiana, picada
¼ de xícara de aipo cortado em pequenos pedaços
2 batatas médias, sem casca e picadas
2 cenouras pequenas, picadas
2 folhas de louro

Remova a pele e toda a gordura extra do frango. Numa frigideira grande misture o frango, 1 xícara de água, o alho, a cebola, o sal, a pimenta, os tomates e a salsa. Feche hermeticamente e cozinhe com fogo baixo por 25 minutos. Adicione o aipo, as batatas, a cenoura e as folhas de louro e continue a cozinhar por mais 15 minutos ou até que o frango e os vegetais estejam macios. Retire as folhas de louro antes de srvir.

8 porções (tamanho da porção: pedaço de frango)

PORÇÕES DE FRUTAS E VEGETAIS: 1½ vegetal; **fitonutrientes que reduzem o colesterol:** luteína, sulfuretos e licopeno.

INFORMAÇÃO NUTRICIONAL: 190 calorias, 27 gramas de proteína, 3 gramas de gordura total, 1 grama de gordura saturada, não contém gordura *trans*, 65 miligramas de colesterol, 14 gramas de carboidratos, 2 gramas de fibra alimentar, 440 miligramas de sódio.

Grilled Chicken with Chile-Lime Sauce
(Frango Grelhado com Molho de Lima do Chile)

Também conhecido como tomate mexicano verde, o tomatillo tem em seu sabor, toques de limão, maçã e ervas. Este prato saboroso é um alimento saudável para o coração com a elegância latina.

¼ de xícara de azeite de oliva extravirgem
Suco de 2 limas, dividido
¼ de colher de chá de orégano seco
½ colher de chá de pimenta-do-reino moída na hora

4 peitos de frango de 114g, sem pele e sem osso
10 a 12 tomatillos, sem casca e divididos
em dois pedaços
½ cebola amarela média, dividida em quatro
2 dentes de alho grandes, picados em pequenos pedaços
2 pimentas serrano ou jalapeño
2 colheres de sopa de coentro picado
¼ de colher de chá de sal
¼ de xícaras de coalhada semidesnatada

Misture o azeite, o suco de uma lima, o orégano e a pimenta-do-reino numa tigela refratária rasa; mexa. Coloque os peitos de frango no refratário e vire para temperar os dois lados. Cubra o recipiente e refrigere por uma noite. Vire o frango periodicamente para mariná-lo de ambos os lados.

Coloque ¼ de xícara de água, os tomatillos e a cebola na panela. Leve à fervura e cozinhe lentamente em fogo baixo destampado por 10 minutos ou até que os tomates fiquem macios. Num liquidificador, faça uma mistura pastosa da cebola cozida, os tomatilhos e toda a água remanescente. Adicione o alho, as pimentas, o coentro, o sal e o restante do suco de lima. Misture até que todos os ingredientes estejam homogêneos. Coloque o molho numa tigela e refrigere. Coloque os peitos de frango numa grelha quente até que seja cozido por dentro. Coloque o frango num prato. Espalhe uma colher de coalhada semidesnatada sobre cada peito de frango e cubra com um pouco de molho. Derrame o molho sobre a coalhada.

4 porções (*tamanho da porção: 1 peito de frango*)

PORÇÕES DE FRUTAS E VEGETAIS: ⅓ de vegetal; **fitonutrientes que reduzem o colesterol:** luteína, sulfuretos, carotenóides e terpenos.

INFORMAÇÃO NUTRICIONAL: 340 calorias, 32 gramas de proteína, 11 gramas de gordura total, 3 gramas de gordura saturada, não contém gordura *trans*, 80 miligramas de colesterol, 30 gramas de carboidratos, 1 grama de fibra alimentar, 200 miligramas de sódio.

Quick Chicken Creole (Frango Rápido à Creole)

Este é um prato de frango aromático e rápido de fazer.

Spray antiaderente
455g de peito de frango, sem osso, sem pele, cortado em tiras
1 lata de 398g de tomates picados
1 xícara de molho de chili com baixo teor de sal
1½ xícara de pimenta verde tipo sino picada
½ xícara de aipo picado
¼ de xícara de cebola picada
2 dentes de alho, moídos
1 colher de sopa de manjericão fresco (ou 1 colher de chá do seco)
1 colher de sopa de salsa italiana fresca (ou 1 colher de chá da seca)
¼ de colher de chá de pimenta vermelha amassada
¼ de colher de chá de sal
2 xícaras de arroz marrom quente ou massa de trigo integral

Borrife uma frigideira funda com *spray* antiaderente ou unte com margarina ou óleo. Preaqueça sobre fogo médio para alto. Cozinhe o frango na frigideira quente, mexendo por 3 a 5 minutos ou até que fique rosado. Reduza o fogo. Adicione os tomates e o seu suco, o molho chili, as pimentas verdes, o aipo, a cebola, o alho, o manjericão, a salsa, a pimenta vermelha e o sal. Leve à fervura; reduza o fogo e cozinhe lentamente em fogo brando, tampado, por 10 minutos. Sirva sobre o arroz cozido quente ou a massa de trigo integral.

4 porções *(tamanho da porção: 1½ xícara)*

PORÇÕES DE FRUTAS E VEGETAIS: 2 vegetais; **fitonutrientes que reduzem o colesterol:** licopeno e sulfuretos.

INFORMAÇÃO NUTRICIONAL: 230 calorias, 26 gramas de proteína, 3 gramas de gordura total, 1 grama de gordura saturada, não contém gordura *trans*, 65 miligramas de colesterol, 28 gramas de carboidratos, 3 gramas de fibra alimentar, 520 miligramas de sódio.

Chicken Marsala (Frango ao Marsala)

Importado da Sicília e feito por uvas locais. O vinho Marsala tem um sabor rico e atabacado que varia de doce até seco.

⅛ de colher de chá de pimenta-do-reino
¼ de colher de sopa de sal
¼ de xícara de farinha
4 peitos de frango de 114g sem osso e sem pele
1 colher de sopa de azeite de oliva extravirgem

½ xícara de vinho Marsala
Suco de ½ limão
½ xícara de caldo de galinha ou de vegetais
½ xícara de cogumelos fatiados
1 colher de sopa de salsa italiana fresca picada

Misture a pimenta, o sal e a farinha. Cubra o frango com a farinha temperada. Numa frigideira grande com fundo grosso, aqueça o azeite. Coloque os peitos de frango na frigideira e doure dos dois lados. Retire os pedaços de frango da frigideira e reserve. Adicione o vinho à frigideira e mexa até que esteja aquecido. Adicione o suco de limão, o caldo e os cogumelos. Mexa para misturar, então reduza o fogo e cozinhe por cerca de 10 minutos, até que o molho esteja parcialmente reduzido.

Devolva os peitos de frango dourados à frigideira; espalhe o molho sobre o frango. Tampe e cozinhe por cerca de 5 a 10 minutos ou até que o frango esteja cozido por dentro. Guarneça com a salsa.

4 porções *(tamanho da porção: 1 peito de frango com ⅓ de xícara de molho)*

PORÇÕES DE FRUTAS E VEGETAIS: nenhum; **fitonutrientes que reduzem o colesterol:** lignano.

INFORMAÇÃO NUTRICIONAL: 240 calorias, 24 gramas de proteína, 7 gramas de gordura total, 1 grama de gordura saturada, não contém gordura *trans*, 65 miligramas de colesterol, não contém carboidratos, 12 gramas de fibra alimentar, 320 miligramas de sódio.

Oven-Fried Chicken (Frango Frito no Forno)

Todo o sabor sem gordura!

1 colher de chá de tempero para aves
½ xícara de leite desnatado ou creme de leite
1½ colher de sopa de cebola em pó
1½ colher de sopa de alho em pó
2 colheres de chá de pimenta-do-reino
2 colheres de chá de flocos de pimenta vermelha seca e amassada
1 colher de chá de gengibre moído
1 xícara de flocos de milho triturados
8 pedaços de frango sem pele (4 peitos de 114g, 4 pernas de galinha)
Páprica para salpicar
1 colher de chá de óleo vegetal (para untar a panela)

Adicione ½ colher de sopa de tempero de frango ao leite. Misture o tempero restante, a cebola em pó, o alho em pó, a pimenta-do-reino, os flocos de pimenta vermelha e o gengibre moído com as migalhas dos flocos de milho e coloque numa embalagem plástica. Lave o frango e seque em seguida. Mergulhe o frango no leite, chacoalhe, para remover o excesso, e então sacuda-o vigorosamente dentro da embalagem com o tempero e os farelos. Refrigere o frango empanado envolvido em papel filme por 1 hora. Preaqueça o forno em 177 °C.

Retire do refrigerador e salpique levemente com a páprica para colorir. Coloque o frango na panela untada ou sobre papel vegetal culinário espaçados de maneira igual. Cubra com o papel alumínio e asse por 40 minutos.

Retire o papel e continue a assar por mais 30 a 40 minutos ou até que a carne possa ser separada facilmente do osso com um garfo. Os farelos formarão uma "pele" crocante. (Não vire o frango enquanto assa.)

*8 **porções** (tamanho da porção: ½ peito de frango ou 2 pernas de galinha)*

PORÇÕES DE FRUTAS E VEGETAIS: nenhum; **fitonutrientes que reduzem o colesterol:** sulfuretos.

INFORMAÇÃO NUTRICIONAL: 180 calorias, 25 gramas de proteína, 5 gramas de gordura total, 1,5 grama de gordura saturada, não contém gordura *trans*, 70 miligramas de colesterol, 9 gramas de carboidratos, 1 grama de fibra alimentar, 110 miligramas de sódio.

Shangai Chicken Kabobs

(Espetos de Frango à Shangai)

Não é necessário sair de sua casa para uma saborosa viagem para outra terra!

910g de peitos de frango sem pele, sem osso, cortados em pedaços grandes
Pimenta-do-reino moída na hora, para dar sabor
8 cogumelos frescos
8 cebolas brancas inteiras, parbolizadas
2 laranjas sem sementes, cortadas em quatro
8 pedaços de abacaxi em lata, em sua própria calda

8 tomates cereja
1 lata de suco de maçã de 170g concentrado descongelado
1 xícara de vinho branco seco
2 colheres de sopa de molho de soja com baixo teor de sódio
Gengibre moído grosso
2 colheres de sopa de vinagre
¼ de xícara de óleo vegetal

Corte os peitos de frango em 32 pedaços. Salpique o frango com pimenta. Faça oito espetos *(kabobs)*, espetando conforme segue: frango, cogumelo, frango, cebola, frango, um quarto da laranja, frango, pedaço de abacaxi, tomate cereja. Coloque os espetos numa panela rasa. Misture os ingredientes restantes; espalhe sobre os espetos. Cubra e marine no refrigerador por no mínimo 1 hora e máximo de 6 horas. Escorra. Asse a uma distância de 15 cm da chama, 15 minutos de cada lado, pincelando com a marinada a cada 5 minutos. Descarte toda a marinada restante.

8 porções *(tamanho da porção: 1* kabob *de peito de frango)*

PORÇÕES DE FRUTAS E VEGETAIS: ⅓ de fruta, 1½ vegetais; **fitonutrientes que reduzem o colesterol:** hesperetina, sulfuretos e licopeno.

INFORMAÇÃO NUTRICIONAL: 330 calorias, 29 gramas de proteína, 10 gramas de gordura total, 2 gramas de gordura saturada, não contém gordura *trans*, 75 miligramas de colesterol, 24 gramas de carboidratos, 2 gramas de fibra alimentar, 210 miligramas de sódio.

PEIXES E FRUTOS DO MAR

Uma proteção vinda do fundo do mar! Conforme tratamos no Capítulo 3, os tipos de gorduras que ingerimos têm um grande papel sobre as funções da nossa insulina. Os peixes proporcionam ácidos graxos ômega-3 para uma saúde verdadeira, pois são saudáveis para o coração e equilibram o teor de açúcar no sangue!

Trout Veracruz (Truta à Veracruz)

Um peixe suave e delicado com sabor doce e rico em vitaminas B que ajudam o coração. Desfrute deste prato de truta sempre.

910g de filés de truta, cortados em 6 pedaços
(pode ser utilizado qualquer tipo de peixe)
3 colheres de sopa de suco de lima fresco
(cerca de 2 limas)
1 tomate médio, picado
½ cebola amarela, picada
3 colheres de sopa de coentro, picado
½ colher de chá de azeite de oliva extravirgem
¼ de colher de chá de pimenta-do-reino moída na hora
¼ de colher de chá de sal
¼ de colher de chá de pimenta cayena (opcional)

Preaqueça o forno em 177 °C. Enxágüe o peixe e seque em seguida. Coloque num refratário para assar. Numa tigela pequena, misture o suco das limas, o tomate, a cebola, o coentro, o azeite de oliva, a pimenta do reino, o sal e a pimenta cayena e regue o peixe.

Asse por 15 a 20 minutos ou até que fique macio ao toque do garfo.

6 porções *(tamanho da porção: 1 pedaço de peixe)*

PORÇÕES DE FRUTAS E VEGETAIS: aproximadamente ½ vegetal; **fitonutrientes que reduzem o colesterol:** sulfuretos e carotenóides.

INFORMAÇÃO NUTRICIONAL: 170 calorias, 26 gramas de proteína, 6 gramas de gordura total, 1,5 grama de gordura saturada, não contém gordura *trans*, 125 miligramas de colesterol, 3 gramas de carboidratos, 1 grama de fibra alimentar, 190 miligramas de sódio.

Mediterranean Baked Snapper
(Pargo Assado do Mediterrâneo)

Um peixe de textura firme com ótimo sabor e muito pouca gordura natural, o Pargo é o complemento perfeito para estes sabores do Mediterrâneo.

2 colheres de chá de azeite de oliva extravirgem
1 cebola amarela grande, fatiada
1 lata de 454g de tomates inteiros, escorridos (reserve o suco) e picados
1 folha de louro
1 dente de alho grande, moído
1 xícara de vinho branco seco
½ xícara do suco de tomate reservado, da lata de tomates
¼ de xícara de suco de limão fresco

¼ de xícara de suco de laranja fresco
1 colher de sopa de casca de laranja ralada na hora
1 colher de sopa de sementes de erva-doce amassadas
½ colher de chá de orégano seco amassado
½ colher de chá de tomilho seco amassado
½ colher de chá de manjericão seco amassado
Pimenta-do-reino moída na hora, para dar sabor
4 filés de pargo de 114g (de preferência de rabirrubia)

Aqueça o azeite numa frigideira grande antiaderente. Adicione a cebola, frite levemente em fogo médio por 5 minutos ou até que fique macia. Adicione os tomates, o louro, o alho, o vinho, o suco de tomate reservado, o limão, o suco de laranja, a casca da laranja, as sementes de erva-doce, o orégano, o tomilho, o manjericão e a pimenta-do-reino. Mexa bem e cozinhe lentamente em fogo brando, sem tampa, por 30 minutos. Preaqueça o forno em 189 °C. Arrume o peixe num refratário de 25 x 15 centímetros; cubra com o molho. Asse, descoberto, por cerca de 15 minutos ou até que o peixe esfarele facilmente.

4 porções *(tamanho da porção: 1 filé com molho)*

PORÇÕES DE FRUTAS E VEGETAIS: aproximadamente 1½ vegetal; **fitonutrientes que reduzem o colesterol:** licopeno, lignano e sulfuretos.

INFORMAÇÃO NUTRICIONAL: 230 calorias, 25 gramas de proteína, 4 gramas de gordura total, 0,5 grama de gordura saturada, não contém gordura *trans*, 40 miligramas de colesterol, 19 gramas de carboidratos, 2 gramas de fibra alimentar, 560 miligramas de sódio.

Grouper Veronique (Garoupa à Veronique)

Veronique é um termo que descreve pratos guarnecidos com uvas brancas sem semente. Este saboroso banquete ajuda a manter o seu coração saudável e o colesterol sob controle. Certifique-se de que o seu refratário pode suportar o fogo – ele será utilizado sob o chair broiler*!*

Spray culinário antiaderente
4 filés de garoupa de 114g
¼ de colher de sopa de sal marinho
⅛ de colher de sopa de pimenta-do-reino moída na hora
¼ de xícara de vinho branco seco
¼ de xícara de caldo de galinha ou de vegetais
1 colher de sopa de suco de limão fresco
1 colher de sopa de margarina à base de óleo de canola (não hidrogenada)
2 colheres de sopa de farinha
¾ de xícara de leite semidesnatado (1%) ou desnatado
½ xícara de uvas brancas sem sementes

Preaqueça o forno em 177 °C. Unte um refratário de 25 x 15 centímetros com *spray* antiaderente, margarina ou óleo. Coloque o peixe numa panela e salpique-o com o sal e a pimenta. Misture o vinho, o caldo e o suco do limão numa tigela pequena e regue o peixe. Cubra com papel alumínio e cozinhe por 15 minutos. Derreta a margarina numa panela pequena. Retire do fogo e misture com a farinha. Adicione o leite gradualmente e cozinhe sobre fogo médio-alto, mexendo sempre, até engrossar. Retire o peixe do forno e cuidadosamente jogue o líquido do refratário no molho cremoso, mexendo até misturar. Regue o peixe com o molho e salpique com as uvas. Grelhe a cerca de 10 cm de distância do fogo por 5 minutos ou até que o molho comece a dourar.

4 porções *(tamanho da porção: 1 filé com ⅓ de xícara de molho)*

PORÇÕES DE FRUTAS E VEGETAIS: nenhum; **fitonutrientes que reduzem o colesterol:** nenhum.

INFORMAÇÃO NUTRICIONAL: 190 calorias, 24 gramas de proteína, 5 gramas de gordura total, 0,5 grama de gordura saturada, não contém gordura *trans*, 40 miligramas de colesterol, 11 gramas de carboidratos, não contém fibra alimentar, 360 miligramas de sódio.

Oven-Fried Catfish
(Bagre Americano Frito no Forno)

O bagre americano é um peixe de textura firme que tem baixo teor de gordura e possui um sabor suave. Ele não tem que estar muito frito para se desfrutar. Experimente esta receita que ajuda o coração e você concordará. Sirva com couve manteiga e ervilhas.

910g de filé de bagre americano, cortado em 6 pedaços
1 colher de sopa de suco de limão fresco
¼ de xícara de leite desnatado ou creme de leite *light*
2 gotas de molho de pimenta forte
1 colher de sopa de alho fresco moído

¼ de colher de chá de pimenta branca moída
¼ de colher de chá de sal marinho
¼ de colher de chá de cebola em pó
½ xícara de flocos de milho amassados
1 colher de sopa de óleo vegetal (para untar o refratário)
1 limão cortado em triângulos

Preaqueça o forno a 246 °C. Pincele os filés com o suco de limão e seque em seguida. Misture o leite, o molho de pimenta forte e o alho; reserve. Misture a pimenta, o sal e a cebola em pó com os farelos dos flocos de milho e coloque num prato. Deixe os filés de molho no leite por pouco tempo. Retire e empane os filés dos dois lados com os farelos temperados. Deixe descansar por 30 minutos, até que a farinha grude nos dois lados do peixe. Arrume num refratário raso levemente untado. Asse por 20 minutos no meio da grelha sem virar. Para servir, corte em 6 pedaços e sirva com limão fresco.

6 porções *(tamanho da porção: 1 pedaço de peixe)*

PORÇÕES DE FRUTAS E VEGETAIS: nenhum; **fitonutrientes que reduzem o colesterol:** nenhum.

INFORMAÇÃO NUTRICIONAL: 180 calorias, 27 gramas de proteína, 6 gramas de gordura total, 1 grama de gordura saturada, não contém gordura *trans*, 70 miligramas de colesterol, 4 gramas de carboidratos, não contém fibra alimentar, 250 miligramas de sódio.

Scallop Kabobs
(Espetos de Escalopes)

Rico em proteínas, com baixo teor de gordura, estes moluscos são uma alternativa de grelhado saboroso e doce, quando somente o melhor será feito!

3 pimentas verdes tipo sino, cortadas em quadradinhos de 2 cm
682g de escalopes
½ litro de tomate cereja
¼ de xícara de vinho branco seco
¼ de xícara de óleo vegetal
3 colheres de sopa de suco de limão fresco
Uma pequena porção de alho em pó
Pimenta-do-reino para dar sabor

Aqueça a grelha ou o *chair broiler*. Afervente as pimentas verdes por 2 minutos. Coloque as pimentas, os moluscos e os tomates cereja em quatro espetos, alternando pimenta, molusco, tomate. Numa tigela pequena misture o vinho, o óleo, o suco de limão, o alho em pó e a pimenta-do-reino, misturando bem. Pincele os espetos com a mistura e coloque na grelha (ou dentro do *chair broiler*). Grelhe ou asse por 15 minutos, virando e regando sempre.

4 porções *(tamanho da porção: 1 kabob de molusco)*

PORÇÕES DE FRUTAS E VEGETAIS: 2 vegetais; **fitonutrientes que reduzem o colesterol:** luteína e licopeno.

INFORMAÇÃO NUTRICIONAL: 310 calorias, 30 gramas de proteína, 15 gramas de gordura total, 2 gramas de gordura saturada, não contém gordura *trans*, 55 miligramas de colesterol, 14 gramas de carboidratos, 2 gramas de fibra alimentar, 370 miligramas de sódio.

Sole Florentine
(Solha à Florentina)

Apelidado de sandália de Júpiter por causa da forma oval alongada deste peixe plano, a solha é popular desde o tempo dos romanos.

Spray culinário antiaderente
1 colher de sopa de azeite extravirgem
227g de cogumelos frescos, fatiados
227g de espinafre fresco, limpo, com talo e picado
¼ de colher de chá de folhas de orégano seco amassadas
1 dente de alho grande, moído
4 filés de solha de 170g ou outro peixe branco
2 colheres de sopa de xerez (vinho espanhol, seco ou doce, fabricado em Andaluzia)
114g de mussarela semidesnatada, ralada

Preaqueça o forno em 204 °C. Unte uma assadeira de 25 x 15 cm com *spray* culinário antiaderente, margarina ou óleo. Aqueça o azeite numa frigideira; frite levemente os cogumelos até que fiquem macios, por cerca de 3 minutos. Adicione o espinafre e continue a cozinhar por mais 1 minuto, até que os espinafres murchem. Tire do fogo; escorra o líquido dentro da assadeira preparada. Adicione o orégano e o alho aos vegetais levemente fritos e escorridos; mexa para misturar os ingredientes. Divida a mistura de vegetais igualmente entre os filés, colocando o recheio no centro de cada filé. Enrole o filé em volta da mistura e coloque o lado da emenda para baixo, sobre a assadeira preparada. Borrife com xerez, depois salpique com a mussarela. Asse de 15 a 20 minutos ou até que o peixe esfarele facilmente. Retire com uma espumadeira.

4 porções *(tamanho da porção: 1 rolinho de filé)*

PORÇÕES DE FRUTAS E VEGETAIS: 3 vegetais; **fitonutrientes que reduzem o colesterol:** luteína e licopeno.

INFORMAÇÃO NUTRICIONAL: 280 calorias, 42 gramas de proteína, 10 gramas de gordura total, 4 gramas de gordura saturada, não contém gordura *trans*, 95 miligramas de colesterol, 6 gramas de carboidratos, 2 gramas de fibra alimentar, 420 miligramas de sódio.

Broiled Mahimahi with Red Bell Pepper Sauce

(Dourado Grelhado com Molho de Pimenta Tipo Sino Vermelha)

Favorito da Flórida, o mahi mahi *(dourado) é um peixe leve que fornece uma carga de vitaminas do complexo B que ajudam o coração. As pimentas vermelhas tipo sino acrescentam um sabor doce e cor fresca e um perfeito molho como complemento a este prato de peixe.*

⅙ de xícara de azeite de oliva extravirgem
⅓ de xícara de sementes de abóbora sem sal, torradas
¾ de xícara de manjericão fresco picado
2 dentes de alho, amassados
1 pimenta vermelha tipo sino grande, cortada em cubos
2 filés de dourado de 114g

Numa panela média, aqueça o azeite sobre fogo médio-baixo. Amasse as sementes de abóbora utilizando um pilão. Aqueça uma pequena panela com água até ferver e adicione o manjericão para escaldar. (Isto ajuda a manter a cor verde.) Rapidamente retire o manjericão escaldado, escorra e reserve. Adicione as sementes de abóbora amassadas, o alho, a pimenta tipo sino e o manjericão ao azeite sobre fogo médio-baixo e cozinhe por 10 minutos. Pincele os filés de dourado com uma pequena quantidade de molho de pimenta. Coloque no *broiler* por 5 a 8 minutos até que o suco escorra com coloração clara e o peixe esteja branco por inteiro. Cubra o dourado com o restante do molho de pimenta tipo sino e sirva.

2 porções *(tamanho da porção: 1 filé)*

PORÇÕES DE FRUTAS E VEGETAIS: 1 vegetal; **fitonutrientes que reduzem o colesterol:** terpenos, licopeno, alicina e sulfidos.

INFORMAÇÃO NUTRICIONAL: 490 calorias, 35 gramas de proteína, 36 gramas de gordura total, 6 gramas de gordura saturada, não contém gordura *trans*, 83 miligramas de colesterol, 12 gramas de carboidratos, 4 gramas de fibra alimentar, 109 miligramas de sódio.

Dijon Cod (Bacalhau Dijon)

A mostarda Dijon adiciona uma acidez ardida a este prato de peixe que é rápido de preparar e benéfico para o coração.

Spray culinário antiaderente
1 cebola amarela pequena, cortada em cubos
4 tomates ameixa, cortados em cubos
⅓ de xícara de vinho branco
4 filés de bacalhau de 140g
1 pitada de sal marinho
¾ de xícara de farelos de pão de trigo integral
2 colheres de sopa de salsa italiana fresca, picada
1 colher de sopa de margarina de canola
2 colheres de chá de mostarda ardida Dijon

Preaqueça o forno em 204 °C. Unte uma frigideira grande refratária com o *spray* antiaderente, com margarina ou óleo e adicione a cebola e os tomates, aquecendo em fogo médio. Asse em panela, na parte de cima do fogão, por 10 minutos, mexendo de vez em quando. Aumente o fogo para médio-alto e adicione o vinho. Arrume o bacalhau numa única camada sobre a mistura. Jogue sal. Numa tigela pequena, misture os farelos de pão, a salsa, a margarina de canola e a mostarda. Polvilhe os filés, pressionando firmemente sobre o peixe. Asse por 15 a 20 minutos ou até que o peixe esfarele facilmente.

4 porções (tamanho da porção: 1 filé)

PORÇÕES DE FRUTAS E VEGETAIS: 1 vegetal; **fitonutrientes que reduzem o colesterol:** licopeno.

INFORMAÇÃO NUTRICIONAL: 190 calorias, 21 gramas de proteína, 5 gramas de gordura total, 0,5 grama de gordura saturada, não contém gordura *trans*, 45 miligramas de colesterol, 16 gramas de carboidratos, 2 gramas de fibra alimentar, 330 miligramas de sódio.

Pesto Salmon (Salmão ao Pesto)

Cansado de simplesmente grelhar ou assar o salmão? O pesto é um molho cru feito principalmente de manjericão fresco e nozes com azeite. Esta versão utiliza amêndoas e muito menos óleo – sendo saborosa, mas mais saudável.

3 colheres de sopa de caldo de vegetais
1½ xícara de folhas de manjericão fresco
1 colher de sopa de amêndoas trituradas
1 colher de sopa de suco de limão fresco
2 colheres de sopa de queijo parmesão ralado

2 colheres de sopa de azeite de oliva extravirgem
Uma pitada de sal marinho
Pimenta-do-reino moída na hora, para dar sabor
1 dente de alho grande
4 postas de salmão de 114g ou filés
Raminhos de manjericão e triângulos de limão para enfeitar

Faça o pesto colocando o caldo, o manjericão, as amêndoas, o suco de limão, o parmesão, o azeite de oliva, o sal, a pimenta e o alho num processador de alimentos, pulsando até que fique com consistência de purê. Coloque o salmão num prato. Espalhe aproximadamente 3 colheres de sopa do pesto sobre o salmão e vire para envolver ambos os lados. Cubra com filme plástico e deixe descansar por 15 minutos em temperatura ambiente. Coloque o salmão num *broiler* untado. Asse o salmão a aproximadamente 10 a 13 cm do corpo do *broiler* por 6 a 8 minutos ou até que fique opaco no centro. Transfira para os pratos; enfeite com manjericão fresco e triângulos de limão.

4 porções *(tamanho da porção: 1 filé com molho)*

PORÇÕES DE FRUTAS E VEGETAIS: nenhum; **fitonutrientes que reduzem o colesterol:** terpenos.

INFORMAÇÃO NUTRICIONAL: 250 calorias, 24 gramas de proteína, 16 gramas de gordura total, 3 gramas de gordura saturada, não contém gordura *trans*, 65 miligramas de colesterol, 2 gramas de carboidratos, 1 grama de fibra alimentar, 230 miligramas de sódio.

Sesame and Black Pepper-Encrusted Tuna
(Atum incrustado com Gergelim
e Pimenta-do-Reino)

As sementes de gergelim também vêm nas cores vermelha, marrom ou preta, mas você vai querer usar os de cor marfim, mais tradicional para esta cobertura.

2 postas de atum fresco de 114g
2 colheres de sopa de óleo de gergelim torrado (Oriental)
1 gengibre médio, sem casca e ralado
4 talos de capim limão ou capim cidreira, picados em pedaços finos
4 colheres de sopa de sementes de gergelim
¼ de xícara de pimenta-do-reino em grãos amassados
Arroz marrom cozido no vapor
Vegetais asiáticos variados, cozidos no vapor

Cubra as postas de atum com azeite. Esfregue-os com o gengibre e o capim limão. Pressione metade das sementes de gergelim e metade dos grãos de pimenta-do-reino em cada lado da posta de atum, pressionando para incrustar. Cubra o outro lado do atum com o restante das sementes de gergelim e os grãos de pimenta-do-reino. Aqueça a grelha em temperatura alta e cozinhe por 4 a 6 minutos cada lado. Sirva com o arroz marrom e os vegetais asiáticos variados.

2 porções *(tamanho da porção: 1 filé)*

PORÇÕES DE FRUTAS E VEGETAIS: nenhum; **fitonutrientes que reduzem o colesterol:** sesamina.

INFORMAÇÃO NUTRICIONAL: 300 calorias, 13 gramas de proteína, 24 gramas de gordura total, 2,5 gramas de gordura saturada, não contém gordura *trans*, 15 miligramas de colesterol, 7 gramas de carboidratos, 3 gramas de fibra alimentar, 460 miligramas de sódio.

ENTRADAS COM VEGETAIS

Estes pratos são um exemplo perfeito de como colocar os vegetais na parte mais iluminada, no centro do palco, sem sacrificar o sabor.

N'Orleans Red Beans and Rice

(Feijões Vermelhos e Arroz à N'Orleans)

Os feijões vermelhos são uma tradição em Nova Orleans, mas não há razão por que você não possa desfrutá-lo, a qualquer hora, na cidade em que vive. Este prato de estilo sulino é carregado de fitoestrogênios e quercetina e você aprenderá a amar os seus legumes!

455g de feijões vermelhos secos
1½ xícara de cebola amarela picada
1 xícara de aipo picado
4 folhas de louro
1 xícara de pimenta verde tipo sino picada
3 colheres de sopa de alho fresco picado

3 colheres de sopa de salsa italiana picada
2 colheres de sopa de tomilho seco amassado
1 colher de sopa de sal marinho
1 colher de sopa de pimenta-do-reino moída na hora
4 xícaras de arroz marrom cozido quente

Selecione os feijões para retirar pedras ou grãos quebrados; enxágüe abundantemente. Numa vasilha grande, misture os feijões, 2/4 de água, a cebola, o aipo e as folhas de louro. Leve à fervura; reduza o fogo. Tampe e cozinhe sobre fogo baixo por cerca de 1 hora e meia ou até que os feijões estejam macios. Mexa. Amasse os feijões contra o lado da panela. Adicione a pimenta verde, o alho, a salsa, o tomilho, o sal e a pimenta-do-reino. Cozinhe destampado, sobre fogo baixo, até que fique com consistência de creme, por cerca de 30 minutos. Retire as folhas de louro. Sirva com o arroz marrom cozido quente.

*8 **porções** (tamanho da porção: 1¼ de xícara)*

PORÇÕES DE FRUTAS E VEGETAIS: 1 vegetal; **fitonutrientes que reduzem o colesterol:** fitoestrogênios, quercetina, alicina e sulfuretos.

INFORMAÇÃO NUTRICIONAL: 220 calorias, 150 gramas de proteína, não contém gordura total, gordura saturada, gordura *trans*, colesterol, 40 gramas de carboidratos, 15 gramas de fibra alimentar, 270 miligramas de sódio.

Garden Fresh Pasta Sauce
(Molho de Macarrão de Vegetais Frescos)

Para um alimento estilo italiano saudável para o coração, desfrute deste prato fresco vindo do seu jardim ou do setor de hortifruti do seu supermercado favorito!

2 colheres de sopa de azeite de oliva extravirgem
2 cebolas amarelas pequenas, picadas
3 dentes grandes de alho, picados
1¼ de xícara de abobrinha cortada em fatias
1 colher de sopa de orégano seco
1 colher de sopa de manjericão seco
1 lata de 227,5 g de molho de tomate
1 lata de 170g de massa de tomate
2 tomates médios, picados
341g de espaguete de farinha de trigo integral, cozido (ou outra massa integral), para servir

Numa frigideira média, aqueça o azeite. Frite levemente as cebolas, o alho e a abobrinha, por 5 minutos, sobre fogo médio. Adicione o restante dos ingredientes e 1 xícara de água e cozinhe lentamente em fogo baixo, tampado por 45 minutos. Sirva sobre o espaguete.

6 porções (*tamanho da porção: ¾ de xícara com ½ xícara de espaguete*)

PORÇÕES DE FRUTAS E VEGETAIS: 2 vegetais; **fitonutrientes que reduzem o colesterol:** licopeno, alicina e sulfuretos.

INFORMAÇÃO NUTRICIONAL: 110 calorias, 3 gramas de proteína, 5 gramas de gordura total, 0,5 grama de gordura saturada, não contém gordura *trans*, 95 miligramas de colesterol, 15 gramas de carboidratos, 3 gramas de fibra alimentar, 430 miligramas de sódio.

Zucchini Lasagna (Lasanha de Abobrinha)

Este prato saudável para o coração, rico em licopeno e alicina, prova que você pode até mesmo comer uma lasanha. Se você sempre adiciona sal à água quando estiver cozinhando o macarrão, adquira o hábito de não fazê-lo. Você não sentirá falta do sal que seria adicionado, pois ele não traz benefícios ao processo de cozimento, e cortará o sódio adicional ao processo.

Spray de óleo vegetal
¾ de xícara de mussarela semidesnatada ralada
¼ de xícara de queijo parmesão ralado
1½ xícara de queijo *cottage* sem gordura
2½ xícaras de molho de tomate sem sal
2 colheres de chá de manjericão seco
2 colheres de chá de orégano seco
¼ de xícara de cebola amarela picada
1 dente de alho grande
⅛ de colher de sopa de pimenta-do-reino moída na hora

227g de folhas de lasanha cozidas (em água sem sal)
1½ xícara de abobrinha cortada em fatias

Preaqueça o forno em 177 °C. Borrife levemente um refratário de 25 x 35 cm com óleo vegetal. Numa pequena tigela, misture ⅛ de mussarela e 1 colher de sopa de queijo parmesão. Reserve. Numa tigela média, misture a mussarela e o parmesão restantes com todo o queijo *cottage*. Misture bem e reserve.

Misture o molho de tomate com o manjericão, o orégano, a cebola, o alho e a pimenta. Espalhe uma fina camada de molho de tomate no fundo do refratário. Coloque um terço das folhas de lasanha numa única camada. Espalhe metade da mistura de queijo *cottage* por cima. Adicione uma camada de abobrinha. Repita a camada. Adicione uma fina camada de molho. Cubra com as folhas de lasanha, molho e a mistura de queijo reservada. Cubra com papel alumínio. Asse de 30 a 40 minutos. Esfrie durante 10 a 15 minutos. Corte em seis porções.

6 porções *(tamanho da porção: ⅙ da receita)*

PORÇÕES DE FRUTAS E VEGETAIS: 3 vegetais; **fitonutrientes que reduzem o colesterol:** licopeno, terpenos, sulfuretos e alicina.

INFORMAÇÃO NUTRICIONAL: 276 calorias, 5 gramas de proteína, 5 gramas de gordura total, 2 gramas de gordura saturada, 11 miligramas de colesterol, 5 gramas de carboidratos, não contém fibra alimentar, 380 miligramas de sódio.

Caribbean Black Beans and Rice

(Feijões Pretos e Arroz à moda Caribenha)

Uma outra ótima versão de feijões e arroz, desta vez vinda dos trópicos.

455g de feijões pretos secos
1 pimenta tipo sino verde média, cortada em pedaços grossos
1½ xícara de cebola amarela, cortada em pedaços
1 colher de sopa de óleo de canola
2 folhas de louro
1 dente de alho grande, moído
½ colher de sopa de sal marinho
1 colher de sopa de vinagre de maçã (ou suco de limão)
6 xícaras de arroz marrom, cozido em água sem sal
1 limão, cortado em triângulos

Selecione os feijões e remova quaisquer pedras ou grãos murchos. Deixe os feijões de molho durante a noite, em 7 xícaras de água fria. Escorra e enxágüe. Misture os feijões, a água, a pimenta verde, a cebola, o óleo, as folhas de louro, o alho e o sal num caldeirão ou panela grande com tampa. Tampe e ferva durante 1 hora. Reduza o fogo e cozinhe lentamente em fogo brando, tampado, por 1 hora e meia ou até que os feijões estejam muito macios. Mexa de vez em quando e adicione mais água, se necessário. Retire cerca de ⅓ dos feijões, amasse e devolva ao caldeirão. Misture e aqueça. Retire as folhas de louro e misture o vinagre ou o suco de limão, quando estiver pronto para servir. Sirva sobre o arroz. Guarneça com os pedaços de limão.

6 porções *(tamanho da porção: 1 xícara)*

PORÇÕES DE FRUTAS E VEGETAIS: nenhum; **fitonutrientes que reduzem o colesterol:** licopeno, fitoestrogênios, quercetina e sulfuretos.

INFORMAÇÃO NUTRICIONAL: 190 calorias, 8 gramas de proteína, 2 gramas de gordura total, não contém gordura saturada, gordura *trans* e colesterol, 36 gramas de carboidratos, 7 gramas de fibra alimentar, 55 miligramas de sódio.

Summer Vegetable Stew
(Ensopado de Vegetais de Verão)

Se você pensa em cozido somente no inverno, pense novamente. Não há época melhor para se tirar vantagem dos benefícios para a saúde e os sabores frescos dos vegetais de verão.

1 xícara de caldo de vegetais com baixo teor de sódio
2 xícaras de batatas brancas cortadas em fatias
2 xícaras de cenouras cortadas em fatias
4 xícaras de abobrinha em pedaços
1 xícara de abobrinha em pedaços
1 lata de 426g de milho doce, enxaguado e escorrido (ou 2 espigas de milho frescas, 1 ½ xícara)
1 colher de chá de tomilho seco
2 dentes de alho grandes, moídos
1 cebolinha, picada em pedaços
½ pimenta forte pequena (como a jalapeño), picada
1 xícara de cebola amarela cortada em pedaços grandes

1 xícara de buquês de brócolis
1 xícara de tomates sem sementes e cortados em cubos

Aqueça 3 xícaras de água e o caldo de vegetais numa panela grande e leve à fervura. Adicione as batatas e as cenouras ao caldo e cozinhe lentamente, em fogo baixo, por 5 minutos. Adicione os ingredientes restantes, exceto os tomates, e continue a cozinhar por 15 minutos em fogo médio. Retire quatro pedaços da abóbora e bata no liquidificador até a consistência de purê. Volte a mistura com consistência de purê à panela e deixe cozinhar por mais 10 minutos. Adicione os tomates e cozinhe por mais 5 minutos. Retire do fogo e deixe descansar por 15 minutos para deixar o cozido engrossar.

*8 **porções** (tamanho da porção: 1¼ xícara)*

PORÇÕES DE FRUTAS E VEGETAIS: 3 vegetais; **fitonutrientes que reduzem o colesterol:** licopeno, alicina, quercetina e carotenóides.

INFORMAÇÃO NUTRICIONAL: 120 calorias, 4 gramas de proteína, 0,5 grama de gordura total, não contém gordura saturada, gordura *trans* e colesterol, 28 gramas de carboidratos, 4 gramas de fibra alimentar, 250 miligramas de sódio.

Roasted Italian Vegetable Terrine
(Terrina Italiana de Vegetais Assados)

Intercambiável com o termo patê, essa preparação embalada de carne ralada cozida fica deliciosa feita com vegetais assados. Assar os vegetais dá a eles um sabor forte complementado pelas ervas enquanto proporciona nutrientes e fibras para ajudar a cortar o colesterol.

1 lata de 795 g de tomates inteiros
1 cebola amarela média, cortada em pedaços
228 g de vagens frescas, cortadas em fatias
228 g de quiabo fresco, cortado em pedaços de 1 cm
(ou ½ de um pacote de 284 g de quiabos congelados)
¾ de xícara de pimenta verde tipo sino picada
em pedaços
2 colheres de sopa de suco de limão fresco
1 colher de chá de manjericão fresco picado
(ou 1 colher de chá de manjericão seco, amassado)
1½ colher de chá de folhas de orégano fresco picadas
(ou ½ colher de chá de orégano seco, amassado)
3 abobrinhas médias (18 cm de comprimento), cortada
em cubos de 2,5cm
1 berinjela sem casca e cortada em cubos de 2,5cm
2 colheres de sopa de queijo parmesão ralado

Preaqueça o forno em 163 °C. Escorra e pique os tomates grosseiramente, reservando o líquido. Misture junto os tomates e o líquido reservado, a cebola, as vagens, os quiabos, a pimenta verde, o suco de limão e as ervas. Tampe e asse por 15 minutos. Misture a abobrinha e a berinjela e continue a assar, tampado, por 60 a

70 minutos ou até que os vegetais estejam macios. Mexa de vez em quando. Salpique com o queijo parmesão na hora de servir.

18 porções *(tamanho da porção: ½ xícara)*

PORÇÕES DE FRUTAS E VEGETAIS: 2 vegetais; **fitonutrientes que reduzem o colesterol:** licopeno e quercetina.

INFORMAÇÃO NUTRICIONAL: 30 calorias, 2 gramas de proteína, não contém gordura total, gordura saturada e colesterol, 6 gramas de carboidratos, 3 gramas de fibra alimentar, 65 miligramas de sódio.

Roasted Red Pepper and Pesto Sandwich
(Sanduíche de Pimenta Vermelha Assada e Pesto)

Este sanduíche rápido é carregado de licopeno para defender dos radicais livres prejudiciais ao coração. Assar as pimentas vermelhas dá a elas um sabor doce e acentuado.

1 colher de sopa de maionese de soja
2 colheres de chá de pesto de manjericão
1 fatia de pão de trigo integral, cortada pela metade na horizontal
2 colheres de sopa de pesto de tomate seco
¼ de xícara de pimentas vermelhas assadas
½ xícara de queijo feta esfarelado
½ xícara de folhas de manjericão fresco

Numa tigela pequena, misture a maionese e o pesto de manjericão; espalhe sobre a metade do pão. Espalhe sobre a outra metade o pesto de tomate seco. Coloque as pimentas vermelhas assadas na metade de baixo. Cubra com o queijo feta, depois com o manjericão fresco. Cubra com o pedaço remanescente de pão.

1 porção *(tamanho da porção: 1 sanduíche)*

PORÇÕES DE FRUTAS E VEGETAIS: ½ vegetal; **fitonutrientes que reduzem o colesterol:** licopeno.

INFORMAÇÃO NUTRICIONAL: 490 calorias, 19 gramas de proteína, 29 gramas de gordura total, 9 gramas de gordura saturada, não contém gordura *trans*, 30 miligramas de colesterol, 37 gramas de carboidratos, 6 gramas de fibra alimentar, 1.260 miligramas de sódio.

Black Bean Burritos (Burritos de Feijão Preto)

Quem disse que a comida mexicana não pode ser saudável? Todo o sabor com muito menos gordura, este burrito de feijão preto se tornará parte das suas comemorações ao sul da fronteira, mesmo que isso signifique simplesmente um jantar num dia de semana!

2 latas de 57g de feijões pretos, enxaguados e escorridos
1 colher de sopa de molho adobo com chipotle e chili (substituir por molho com pimenta)
1 ½ colher de chá de cominho moído

1½ xícara de cebolinha cortada em fatias
⅓ de xícara de folhas de coentro picadas
6 tortillas de trigo de 25 cm, aquecidas
½ xícara de queijo *Monterey Jack* com baixo teor de gordura, esfarelado (pode-se substituir por queijo parmesão ralado)
3 xícaras de alface picada
Molho salsa e guacamole preparados (opcional)
4 raminhos de coentro (opcional)

Numa panela grande, aqueça os feijões, o molho adobo e o cominho sobre fogo médio, mexendo de vez em quando, até cozinhar lentamente. Misture a cebolinha e o coentro picado; continue a cozinhar lentamente por 2 minutos. Para montar, espalhe cerca de ½ xícara da mistura de feijão no centro de cada tortilla. Cubra com quantidades iguais de queijo e alface. Dobre a ponta da parte de baixo sobre o recheio. Dobre os lados direito e esquerdo para o centro, sobrepondo as pontas. Sirva com salsa e guacamole e enfeite com os raminhos de coentro, se desejar.

6 porções *(tamanho da porção: 1 burrito)*

PORÇÕES DE FRUTAS E VEGETAIS: ½ vegetal; **fitonutrientes que reduzem o colesterol:** fitoestrogênios e sulfuretos.

INFORMAÇÃO NUTRICIONAL: 380 calorias, 17 gramas de proteína, 7 gramas de gordura total, 2,5 gramas de gordura saturada, não contém gordura *trans*, 5 miligramas de colesterol, 55 gramas de carboidratos, 16 gramas de fibra alimentar, 970 miligramas de sódio.

Fajita Burgers

Este hambúrguer de vegetais que extermina o colesterol tem um toque latino.

1 colher de chá de óleo vegetal, dividida
½ pimenta verde ou vermelha tipo sino média, cortada em tiras
1 cebola amarela pequena, cortada em fatias finas
¼ de colher de chá de chili em pó
2 hambúrgueres vegetais congelados
2 tortillas de trigo de 20 cm, aquecidas

Aqueça ½ colher de chá do óleo numa frigideira grande antiaderente sobre fogo médio. Adicione a pimenta, a cebola e o chili em pó; cozinhe e mexa por 5 minutos ou até que fiquem macios e crocantes. Retire da frigideira. Adicione a ½ colher restante à frigideira. Adicione os hambúrgueres; cozinhe por 4 minutos. Vire os hambúrgueres; cubra com os vegetais. Cozinhe por mais 4 minutos; corte os hambúrgueres pela metade. Coloque duas metades em cada tortilla; cubra com os vegetais.

PORÇÕES DE FRUTAS E VEGETAIS: 1 vegetal; **fitonutrientes que reduzem o colesterol:** licopeno.

INFORMAÇÃO NUTRICIONAL: 280 calorias, 19 gramas de proteína, 11 gramas de gordura total, 3 gramas de gordura saturada, não contém gordura *trans*, 10 miligramas de colesterol, 27 gramas de carboidratos, 7 gramas de fibra alimentar, 460 miligramas de sódio.

Portobello Pizza (Pizza Portobello)

Maravilhas sem crostas, estas pizzas certamente agradam ao paladar e promovem um coração saudável. A umidade reduzida deste cogumelo grande e saboroso cria uma textura densa, como carne.

1 colher de sopa de azeite de oliva extravirgem
1 dente de alho grande, moído
4 cogumelos portobello, limpos
Spray de óleo vegetal
Uma pitada de sal
Uma pitada de pimenta-do-reino moída na hora
341g de mussarela *light*, cortada em fatias ou ralada
10 folhas de manjericão fresco
2 tomates frescos médios, cortados em fatias e assados ou grelhados
Folhas de orégano (opcional)

Preaqueça o forno a 232 °C. Misture o azeite e o alho numa tigela pequena e esfregue os cogumelos de todos os lados com a mistura. Coloque-os com a parte de cima virada para baixo, em círculo, sobre uma folha de papel alumínio untada. Tempere com sal e pimenta. Arrume o queijo, o manjericão e as fatias de tomate alternadamente sobre os cogumelos em círculo. Salpique com o orégano, se desejar. Asse até que o queijo derreta, durante cerca de 3 minutos.

4 porções *(tamanho da porção: 1 cogumelo com cobertura)*

PORÇÕES DE FRUTAS E VEGETAIS: 3 vegetais; **fitonutrientes que reduzem o colesterol:** licopeno, alicina e lignanos.

INFORMAÇÃO NUTRICIONAL: 160 calorias, 15 gramas de proteína, 6 gramas de gordura total, 3 gramas de gordura saturada, não contém gordura *trans*, 15 miligramas de colesterol, 10 gramas de carboidratos, 2 gramas de fibra alimentar, 320 miligramas de sódio.

BEBIDAS E SOBREMESAS

Quem disse que as sobremesas não podem ser saudáveis? Experimente os nossos *smoothies*, bolinhos e outras sobremesas que agradam o seu paladar sem culpa.

Tropical Fruit Compote
(Compota de Fruta Tropical)

Desfrute do sabor dos trópicos a qualquer hora do dia com esta perfeita combinação de sabores de frutas.

¼ de xícara de suco de abacaxi
2 colheres de chá de suco de limão fresco
1 pedaço de casca de limão
½ colher de chá de extrato de baunilha
1 abacaxi, sem o miolo e sem casca, cortado em 8 fatias
2 mangas, sem casca, sem caroço e cada uma cortada em 8 pedaços diagonais
Folhas de hortelã frescas

Numa panela misture ¾ de xícara de água com o suco de abacaxi, o suco de limão, a casca de limão e o extrato de baunilha. Leve à fervura e depois reduza o fogo e adicione a fruta. Cozinhe em fogo muito baixo por 5 minutos. Escorra a calda numa xícara. Retire a casca do limão e esfrie a fruta cozida durante 2 horas. Para servir a compota, arrume as frutas em pratos e jogue por cima algumas colheres de chá da calda sobre elas. Enfeite com folhas de hortelã. Sirva com iogurte com baixo teor de gordura.

8 porções (tamanho da porção: 1 xícara)

PORÇÕES DE FRUTAS E VEGETAIS: 2 frutas; **fitonutrientes que reduzem o colesterol:** carotenóides e limoneno.

INFORMAÇÃO NUTRICIONAL: 110 calorias, 1 grama de proteína, não contém gordura total, gordura saturada e colesterol, 27 gramas de carboidratos, 3 gramas de fibra alimentar, não contém sódio.

Peach and Berry Tart

(Torta de Pêssego e Frutas Vermelhas)

Frutas vermelhas ricas em antocianina se encontram com os carotenóides que cortam o colesterol para um prato que é bom para o coração e cujo sabor floresce. A aveia e a farinha de trigo integral acrescentam um toque crocante de nozes a esta torta de frutas frescas.

Spray de óleo vegetal
⅔ de xícara de aveia em flocos

1 colher de sopa de canela moída
½ xícara de farinha de trigo integral
1 colher de sopa de açúcar mascavo claro
¼ de colher de chá de fermento
2 colheres de sopa de óleo de canola
2 colheres de sopa de iogurte comum desnatado, mais a quantidade que for necessária
1 medida de frutas vermelhas (morangos, *blackberries*, framboesas), cortados em fatias
455g de pêssegos frescos, cortados em fatias (ou 1½ xícara de pêssegos congelados cortados em fatias)
¼ de xícara de geléia de frutas
½ colher de chá de extrato de baunilha (ou 1 fava inteira de baunilha)

Preaqueça o forno a 190 °C; unte um papel manteiga, levemente, com óleo ou estenda um papel de pergaminho. Misture a aveia, a canela, a farinha, o açúcar mascavo e o fermento numa tigela, misturando bem com um garfo. Misture com o óleo e o iogurte, adicionando mais iogurte se a massa estiver muito dura. Coloque a massa de maneira uniforme sobre o papel manteiga fazendo um círculo de 25 cm e utilize uma panela de 23 cm para fazer um círculo perfeito, acertando a parte externa com uma faca. Pressione a borda para que fique a 0,63 mm de altura; asse por 15 minutos ou até que a massa esteja firme e dourada. Reserve para esfriar; transfira para um prato para servir.

Enquanto isso, misture as frutas vermelhas, os pêssegos, a geléia de frutas e a baunilha numa tigela para microondas; coloque no microondas por 10 segundos para derreter a geléia. Espalhe a mistura de frutas sobre a massa; leve para gelar por 30 minutos. Fatie em oito triângulos e sirva.

*8 **porções** (tamanho da porção: 1 pedaço)*

PORÇÕES DE FRUTAS E VEGETAIS: 1½ fruta; **fitonutrientes que reduzem o colesterol:** caroteno e antocianinas.

INFORMAÇÃO NUTRICIONAL: 160 calorias, 3 gramas de proteína, 4,5 gramas de gordura total, não contém gordura saturada, gordura *trans* e colesterol, 29 gramas de carboidratos, 5 gramas de fibra alimentar, não contém sódio.

Carotene Cooler (Refresco de Caroteno)

Que refresco cheio de energia! Compre as mangas mais maduras (ou amadureça-as dentro de um saco de papel durante alguns dias, sobre a bancada de sua cozinha). Os carotenóides que cortam o colesterol são o centro das atenções neste smoothie *suave e espumante.*

1 xícara de manga fresca picada
1 xícara de gelo
1 xícara de iogurte semidesnatado
2 xícaras de suco de laranja
2 colheres de chá de óleo de linhaça

Coloque todos os ingredientes no liqüidificador. Bata até que fique espumoso. Sirva imediatamente.

*2 **porções** (tamanho da porção: ¾ de xícara)*

PORÇÕES DE FRUTAS E VEGETAIS: 2½ frutas; **fitonutrientes que reduzem o colesterol:** carotenóides.

INFORMAÇÃO NUTRICIONAL: 250 calorias, 10 gramas de proteína, 7 gramas de gordura total, 1,5 grama de gordura saturada, não contém gordura *trans*, 10 miligramas de colesterol, 39 gramas de carboidratos, 2 gramas de fibra alimentar, 110 miligramas de sódio.

Apple and Cranberry Crisp

(Maçãs e Amoras Crocantes)

As maçãs ricas em fibras e as amoras ricas em antocianinas se aninham dentro deste crocante estimulante.

½ xícara de turbinado ou açúcar de tâmara (pode-se utilizar açúcar de cana em substituição)
3 colheres de sopa mais ¼ de xícara de farinha de trigo integral
1 colher de chá de raspas de limão
¾ de colher de chá de suco de limão fresco
5 xícaras de maçãs sem casca fatiadas
1 xícara de amoras
⅔ de xícara de aveia em flocos
⅓ de xícara de açúcar mascavo claro ou escuro
2 colheres de chá de canela moída
1 colher de sopa de margarina de canola, derretida

Preaqueça o forno a 190 °C. Para preparar o recheio, numa tigela média misture o açúcar, 3 colheres de sopa de farinha e a raspa do limão; misture bem. Adicione o suco do limão, as maçãs e as amoras; mexa para misturar. Espalhe num prato refratário com capacidade para 6 xícaras. Para preparar a cobertura, numa tigela pequena, misture a aveia, o açúcar mascavo, o ¼ de farinha restante e a canela. Adicione a margarina derretida; mexa para misturar. Salpique a cobertura sobre o recheio. Asse por aproximadamente 40 a 50 minutos ou até que o recheio esteja borbulhante e a cobertura esteja dourada. Sirva quente ou à temperatura ambiente.

6 porções *(tamanho da porção: 1 pedaço de 4 a 5 cm)*

PORÇÕES DE FRUTAS E VEGETAIS: 1 fruta; **fitonutrientes que reduzem o colesterol:** carotenóides e antocianinas.

INFORMAÇÃO NUTRICIONAL: 260 calorias, 3 gramas de proteína, 3,5 gramas de gordura total, não contém gordura saturada, gordura *trans* e colesterol, 58 gramas de carboidratos, 6 gramas de fibra alimentar, 5 miligramas de sódio.

Berry Blast (Maravilha de Frutas Vermelhas)

Um prazer rico em antioxidantes, este será perfeito com o seu cereal integral para o café da manhã ou um refresco para depois da atividade física. As frutas vermelhas congeladas sem açúcar se encaixam bem quando não for a estação das frescas.

2 xícaras de frutas vermelhas misturadas (framboesas, *blueberries*, morangos)
1 xícara de iogurte semidesnatado
1 xícara de suco de amora

Coloque todos os ingredientes num liqüidificador.* Bata até que fique uniforme. Sirva.

2 porções *(tamanho da porção: 1 xícara)*

(*) Nota:

Para uma bebida mais densa com ácidos graxos ômega-3 e proteína, adicione uma colher de sopa de farinha de linhaça ou de cânhamo.

PORÇÕES DE FRUTAS E VEGETAIS: 4 frutas; **fitonutrientes que reduzem o colesterol:** antocianinas.

INFORMAÇÃO NUTRICIONAL: 240 calorias, 10 gramas de proteína, 2 gramas de gordura total, 1 grama de gordura saturada, não contém gordura *trans*, 10 miligramas de colesterol, 54 gramas de carboidratos, 8 gramas de fibra alimentar, 105 miligramas de sódio.

Cinnamon Raisin Scones
(Bolinhos de Canela e Uvas-Passas)

Esta é uma saudável alternativa de variedade para uma cafeteria. O segredo para tornar os bolinhos macios? Manipule a massa levemente.

Spray de óleo vegetal
¼ de colher de chá de sal marinho
½ xícara de suco de maçã ou leite de soja sabor baunilha
½ xícara de mel
½ xícara de uvas-passas sem sementes

½ colher de chá de fermento
1½ xícara de farinha de aveia (ou 1 xícara de aveia em flocos passada no processador de alimentos)
1½ xícara de farinha de trigo integral para bolo
1 colher de sopa de fermento em pó
1 colher de chá de canela
⅓ de xícara de óleo de canola

Preaqueça o forno a 176 °C. Unte a folha de papel manteiga. Misture todos os ingredientes restantes numa tigela grande. Pingue uma colherada de massa em quantidade equivalente a uma colher de sopa no papel manteiga, deixando 2,5 cm de distância entre cada uma. Asse por 15 minutos.

***12 porções** (tamanho da porção: 1 bolinho)*

PORÇÕES DE FRUTAS E VEGETAIS: ⅓ de fruta; **fitonutrientes que reduzem o colesterol:** fitoestrogênios e beta-glucano.

INFORMAÇÃO NUTRICIONAL: 230 calorias, 3 gramas de proteína, 8 gramas de gordura total, 0,5 grama de gordura saturada, não contém gordura *trans*, 95 miligramas de colesterol, 39 gramas de carboidratos, 3 gramas de fibra alimentar, 170 miligramas de sódio.

Flavonoid Freeze
(Flavonóides Congelados)

As frutas vermelhas e as uvas se juntam para limpar as artérias e enterrar o colesterol. Use o tofu macio light *ou normal para esta receita.*

1 xícara de suco de uva vermelha ou vinho tinto
1 xícara de frutas vermelhas misturadas (framboesas, morangos, *blueberries* e cerejas sem caroço)
½ xícara de tofu macio

Coloque todos os ingredientes num liqüidificador. Bata até que fique com consistência uniforme. Sirva.

***2 porções** (tamanho da porção: 1 xícara)*

PORÇÕES DE FRUTAS E VEGETAIS: aproximadamente 1½ fruta; **fitonutrientes que reduzem o colesterol:** fitoestrogênios, antocianinas e resveratrol.

INFORMAÇÃO NUTRICIONAL: 150 calorias, 6 gramas de proteína, 3 gramas de gordura total, não contém gordura saturada, gordura *trans* e colesterol, 29 gramas de carboidratos, 2 gramas de fibra alimentar, 10 miligramas de sódio.

Zesty Green Tea Cooler
(Refresco de Chá Verde)

Acenda a chaleira e aumente os taninos em sua dieta para reduzir o colesterol e proteger o seu coração. O chá verde é produzido a partir de folhas que são cozidas no vapor e secas, mas não fermentadas, fazendo o seu gosto semelhante ao das folhas frescas de chá.

6 saquinhos de chá verde
Suco de 1 limão
3 colheres de sopa de extrato ou essência de limão
2 colheres de sopa de folhas secas de hortelã amassadas
Folhas de hortelã frescas e limão em triângulos
para decorar

Coloque 6 xícaras de água na cafeteira. Abra os saquinhos de chá e coloque o conteúdo no filtro de café junto com o extrato ou essência de limão e as folhas de hortelã. Ferva. Despeje o *Zesty Green Tea* numa jarra, acrescente o suco de limão e coloque para gelar até que esfrie. Sirva com folhas frescas de hortelã e os triângulos de limão.

6 porções *(tamanho da porção: 1 xícara)*

PORÇÕES DE FRUTAS E VEGETAIS: nenhum; **fitonutrientes que reduzem o colesterol:** taninos.

INFORMAÇÃO NUTRICIONAL: 5 calorias, não contém proteína, gordura total, gordura saturada e colesterol, 1 grama de carboidratos, não contém fibra alimentar e sódio.

Spicy Cinnamon Chai
(Chai Picante de Canela)

Esta bebida condimentada, quente, antioxidante beneficia o coração e é deliciosa a qualquer hora do dia.

6 saquinhos de chá de chai
2 paus de canela, triturados (ou 1 colher de chá de canela moída)
1 colher de chá de sementes de cardamomo
6 xícaras de água mineral
Mel, para dar sabor

Abra os saquinhos de chá e coloque o conteúdo no filtro de café com a canela e o cardamomo. Coloque o filtro de café na cafeteira. Adicione água ao reservatório da cafeteira. Ferva o chá e sirva com o mel.

6 porções *(tamanho da porção: 1 xícara)*

PORÇÕES DE FRUTAS E VEGETAIS: nenhum; **fitonutrientes que reduzem o colesterol:** nenhum.

INFORMAÇÃO NUTRICIONAL: 5 calorias, não contém proteína, gordura total, gordura saturada e colesterol, 3 gramas de carboidratos, não contém fibra alimentar e sódio.

Chocolate Smoothie

(*Smoothie* de Chocolate)

Faça o seu chocolate e beba-o também! As frutas vermelhas, a hortelã e o coco neste "smoothie" proporcionam fitonutrientes antioxidantes saudáveis para o coração e um sabor divino. Pegue um canudinho e experimente-o como sobremesa esta noite.

¾ de xícara de leite de soja sabor chocolate
1¼ xícara de framboesas congeladas sem açúcar
½ banana média cortada em fatias
¾ de xícara de *sorbet* de chocolate (pode-se substituir por sorvete de chocolate)
2 colheres de sopa de hortelã fresca, picada

Misture o leite de soja, as framboesas e a banana num liqüidificador. Adicione o *sorbet* e a hortelã. Bata até ficar uniforme.

2 porções (*tamanho da porção: aproximadamente ½ xícara*)

PORÇÕES DE FRUTAS E VEGETAIS: 1 fruta; **fitonutrientes que reduzem o colesterol:** fitoestrogênios.

INFORMAÇÃO NUTRICIONAL: 200 calorias, 5 gramas de proteína, 2,5 gramas de gordura total, não contém gordura saturada, gordura *trans* e colesterol, 43 gramas de carboidratos, 9 gramas de fibra alimentar, 65 miligramas de sódio.

APÊNDICE

Convertendo para o Sistema Métrico

Conversões de Medidas

Nós incluímos as seguintes tabelas de forma que você possa facilmente converter as medidas dos ingredientes.

CONVERSÕES DE MEDIDAS DE VOLUME

E.U.A.	Medida
¼ de colher de chá	1,25 ml
½ colher de chá	2,5 ml
¾ de colher de chá	3,75 ml
1 colher de chá	5 ml
1 colher de sopa	15 ml
¼ de xícara	62,5 ml
½ xícara	125 ml
¾ de xícara	187,5 ml
1 xícara	250 ml

CONVERSÕES DE MEDIDAS DE PESO

E.U.A.	Medida
1 onça	28,4 g
8 onças	227,5 g
16 onças (1 libra)	455 g

Conversões de Temperatura

CONVERSÕES DE TEMPERATURA DE COZIMENTO

Celsius/Centígrado	0 ºC e 100 ºC são arbitrariamente estabelecidos como pontos de fusão e ebulição da água e como padrões para o sistema métrico
Fahrenheit	Fahrenheit estabeleceu 0 ºF como a temperatura estabilizada quando quantidades iguais de gelo, água e sal são misturadas.

Para converter as temperaturas de Fahrenheit para Celsius, utilize esta fórmula:

C= (F – 32) X 0.5555

Assim, por exemplo, se você está assando a 350 °F e quer saber essa temperatura em Celsius, utilize este cálculo:

C= (350 – 32) X 0.5555 = 176.66 °C

FONTES SELECIONADAS

Capítulo 1: Colesterol: Um Fator-Chave no Desenvolvimento das Doenças Cardíacas

Ajani, U.A., E.S. Ford, and A.H. Mokdad. "Dietary Fiber and C-Reactive Protein: Findings from National Health and Nutrition Examination Survey Data." *Journal of Nutrition* 134, n. 5 (May 2004): 1181-85.

Barghash, N.A., S.M. Elewa, E.A. Hamdi, A.A. Barghash, and R. El Dine. "Role of Plasma Homocysteine and Lipoprotein (a) in Coronary Artery Disiease." *British Journal of Biomedical Science* 61, n. 2 (2004): 78-83.

Centers for Disease Control and Prevention. *Centers for Disease Control and Prevention: Diabetes Surveillance Report, 1999*. Atlanta: U.S. Department of Health and Human Services, 1999.

Christen, W.G., U.A. Ajani, R. J. Glynn, and C. H. Hennekens. "Blood Levels of Homocysteine and Increased Risks of Cardiovascular Disease: Causal or Casual?" *Archives of Internal Medicine* 160 (2000): 422-34.

de Maat, M. P., and A. Trion. "C-Reactive Protein as a Risk Factor Versus Risk Marker." *Current Opinion in Lipidology* 15, n. 6 (December 2004): 651-57.

Duvall, W.L. "Endothelial Dysfunction and Antioxidants." *Mt. Sinai Journal of Medicine* 72, n. 2 (March 2005): 71-80.

Ford. E.S., A. H. Mokdad, and S. Liu. "Healthy Eating Index and C-Reactive Protein Concentration: Findings from the Natinal Health and Nutrition Examination Survey III, 1988-1994." *European Journal of Clinical Nutrition* 59, n. 2 (February 2005): 278-83.

Gao, X.,O.I. Bermudez, and K.L. Tucker. "Plasma C- Reactive Protein and Homocysteine Concentrations Are Related to Frequent Fruit and Vegetable Intake in Hispanic and Non-Hispanic White Elders." *Journal of Nutrition 134*, n. 4 (April 2004): 913-18.

Geisel, J., B. Hennen, U. Hubner, J.P. Knapp, and W. Herrmann. "The Impact of Hyperhomocysteinemia as a Cardiovascular Risk Factor in the Prediction of Coronary Heart Disease." *Clinical Chemistry Laboratory Medicine* 41, n. 11 (November 2003): 1513-17.

Gerhard, G.T., and P.B. Duell. "Homocysteine and Atherosclerosis." *Current Opinion in Lipidology* 10 (1999): 417-28.

Grundy, S.M., I.J. Benjamin, G.L. Burke, et al. "Diabetes and Cardiovascular Disease: A Statement for Healthcare Professionals from the American Heart Association." *Circulation* 100 (1999): 1134-46.

Gu, K., C.C. Cowie, and M.I. Harris. "Diabetes and Decline in Heart Disease Mortality in US Adults." *JAMA* 281 (1999): 1291-97.

Juhan-Vague, I.,M. C. Alessi, and P. Vague. "Thrombogenic and Fibrinolytic Factors and Cardiovascular Risk in Non-Insulin-Dependent Diabetes Mellitus." *Annals of Medicine* 28 (1996): 371-80.

Keley, G.A., K.S. Kelley, and Z. Vu Tran. "Aerobic Exercise, Lipids and Lipoproteins in Overweight and Obese Adults: A Meta-Analysis of Randomized Controlled Trials." *International Journal of Obesity and Related Metabolic Disorders* 29, n. 8 (August 2005): 881-93.

Kullo, I.J., and C.M. Ballantyne. "Conditional Risk Factors for Atherosclerosis." *Mayo Clinic Proceedings* 80, n. 2 (February 2005): 219-30.

Malinow, M.R., A.G. Bostom, and R.M. Krauss. "Homocyst(e)ine, Diet, and Cardiovascular Diseases: A Statement for Healthcare Professionals from the Nutrition Committee, American Heart Association." *Circulation* 99 (1999): 178-82.

Rifai, N., J. Ma, F.M. Sacks, P.M. Ridker, W.J. Hernandez, M.J. Satmpfer, and S.M. Marcovina. "Apolipoprotein(a) Size and Lipoprotein(a) Concentration and Future Risk of Angina Pectoris with Evidence of Severe Coronary Atherosclerosis in Men: The Physicians' Health Study." *Clinical Chemistry* 50, n. 8 (August 2004): 1364-71.

Schaefer, E.J. "Lipoproteins, Nutrition, and Heart Disease." *American Journal of Clinical Nutrition* 75, n. 2 (February 2002): 191-212.

Shai, I.E.B. Rimm, S.E. Hankinson, C. Cannuscio, G. Curhan, J.E. Manson, N. Rifai, M.J. Stampfer, and J. Ma. "Lipoprotein (a) and Coronary Heart Disease Among Women: Beyond a Cholesterol Carrier?" *European Heart Journal* 26 (August 2005): 1633-39.

Shai, I., M.J. Stampfer, J. Ma, J.E. Manson, S.E. Hankinson, C. Cannuscio, J. Selhub, G. Curhan, and E.B. Rimm. "Homocysteine as a Risk Factor for Coronary Heart Diseases and Its Association with Inflammatory Biomarkers, Lipids and Dietary Factors." *Atherosclerosis* 177, n. 2 (December 2004): 375-81.

Stocker, R., and J.F. Keaney Jr. "Role of Oxidative Modifications in Atherosclerosis." *Physiological Review* 84, n. 4 (October 2004): 1381-478.

Tholstrup, T., and S. Samman. "Postprandial Lipoprotein(a) Is Affected Differently by Specific Individual Dietary Fatty Acids in Healthy Young Men." *Journal of Nutrition* 134, n. 10 (October 2004): 2550-55.

U.S. Department of Agriculture. Center for Nutrition Policy and Promotion. *2005 Dietary Guidelines for Americans*.

Vrentzos, G., J.A. Papadakis, N. Malliaraki, E.A. Zacharis, K. Katsogridakis, A.N. Margioris, P.E. Vardas, and E. S. Ganotakis. "Association of Serum Total Homocysteine with the Extent of Ischemic Heart Disease in a Mediterranean Cohort." *Angiology* 55, n. 5 (September-October 2004): 517-24.

Weise, S.D., P.W. Grandjean, J.J. Rohack, J.W. Womack, and S.F. Crouse. "Acute Changes in Blood Lipids and Enzymes in Postmenopausal Women After Exercise." *Journal of Applied Physiology* 99, n. 2 (August 2005): 609-15.

Welch, G.N., and J. Loscalzo. "Homocysteine and Atherothrombosis." *New England Journal of Medicine* 338 (1998): 1042-50.

Wingard, D.L., and E. Barrett-Connor. "Heart Disease and Diabetes." In *Diabetes in America*, ed. National Diabetes Data Group. Washington, D.C.: National Institutes of Health, NIDDK, NIH publication n. 95-1468, 1995.

Zieske, A.W., R.P. Tracy, C.A. McMahan, E.E. Herderick, S. Homma, G.T. Malcom, H.C. McGill Jr., and J.P. Strong. "Elevated Serum C-Reactive Protein Levels and Advanced Atherosclerosis in Youth." *Arteriosclerosis, Thrombosis, and Vascular Biology* 25, n. 6 (June 2005): 1237-43.

Capítulo 2: Focalizando o Colesterol: O que os Números Significam

Baer, D.J., J.T. Judd, B.A. Clevidence, and R.P. Tracy. "Dietary Fatty Acids Affect Plasma Markers of Inflammation in Healthy Men fed Controlled Diets: A Randomized Crossover Study." *American Journal of Clinical Nutrition* 79, n. 6 (June 2004): 969-73.

Barter, P. "HDL: A Recipe for Longevity." *Atherosclerosis Supplement* 5, n. 2 (May 2004): 25-31.

Brand-Miller, J.C. "Glycemic Index in Relation to Coronary Disease." *Asia Pacific Journal of Clinical Nutrition Supplement* 13 (2004): S3.

Brown, L., B. Rosner, W.C. Willett, and F.M. Sacks. "Cholesterol-Lowering Effects of Dietary Fiber: A Meta-Analysis." *American Journal of Clinical Nutrition* 69 (1999): 30-42.

National Institutes of Health, National Heart, Lung, and Blood Institute. National Cholesterol Education Program. "High Blood Cholesterol: What You Need to Know." *(website)*.

von Eckardstein, A., M. Hersberger, and L. Rohrer. "Current Understanding of the Metabolism and Biological Actions of HDL." *Current Opinion in Clinical Nutrition and Metabolic Care* 8, n. 2 (March 2005): 147-52.

Wierzbicki, A.S. "Have We Forgotten the Pivotal Role of High-Density Lipoprotein Cholesterol in Atherosclerosis Prevention?" *Current Medical Research and Opinion* 21, n. 2 (February 2005): 299-306.

Capítulo 3: Gorduras, Carboidratos e o Seu Colesterol

Anderson, J.W., and S.R. Bridges. "Dietary Fiber Content of Selected Foods." *American Journal of Clinical Nutrition* 47 (1988): 440-47.

Anderson, J.W., and T.J. Hanna. "Impact of Nondigestible Carbohydrates on Serum Lipoproteins and Risk for Cardiovascular Disease." *Journal of Nutrition* 129, supplement 7 (1999): 1457S-1466S.

Bowes, A.D. *Bowes and Church's Food Values or Portions Commonly Used.* 14th edition. New York: Harper & Row, 1985.

Dickinson, S. and J. Brand-Miller. "Glycemic Index, Postprandial Glycemia and Cardiovascular Disease." *Current Opinion in Lipidology* 16, n. 1 (February 2005): 69-75.

Ford, E., and S. Liu. "Glycemic Index and Serum High-Density Lipoprotein Cholesterol Concentration Among U.S. Adults". *Archives of Internal Medicine* 161 (2001): 572-76.

Frost, G., A.A. Leeds, C.J. Dore, S. Madeiros, S. Brading, and A. Dornhorst. "Glycaemic Index as a Determinant of Serum HDL-Cholesterol Concentration." *Lancet* 353, n. 9158 (March 27, 1999): 1045-48.

Fung, T.T., F.B. Hu, M. A. Pereira, et al. "Whole-Grain Intake and the Risk of Type 2 Diabetes: A Prospective Study in Men." *American Journal of Clinical Nutrition* 76 (2002): 535-40.

Hu, F.B., E. Cho, K.M. Rexrode, C.M. Albert, and J.E. Manson. "Fish and Long-Chain Omega-3 Fatty Acid Intake and Risk of Coronary Heart Disease and Total Mortality in Diabetic Women." *Circulation* 107, n. 14 (April 15, 2003): 1852-57.

Jalili, T., R.E.C. Wildman, and D.M. Medeiros. "Nutraceutical Roles of Dietary Fiber." *Journal of Nutraceuticals, Functional and Medical Foods* 2, n. 4 (2000): 19-34.

Khor, G.L. "Dietary Fat Quality: A Nutritional Epidemiologist's View." *Asia Pacific Journal of Clinical Nutrition* Supplement 13 (August 2004): S22.

King, D.E., B.M. Egan, and M.E. Geesey. "Relation of Dietary Fat and Fiber to Elevatin of C-Reactive Protein." *American Journal of Cardiology* 92, n. 11 (December 1, 2003): 1335-39.

Knekt, P., J. Kumpulainen, R. Jarvinen, H. Rissanen, M. Heliovaara, A. Reunanen, T. Hakulinen, and A. Aromaa. "Flavonoid Intake and Risk of Chronic Diseases." *American Journal of Clinical Nutrition* 76, n. 3 (September 2002): 560-68.

Knopp, R.H., H.R. Superko, M. Davidson, W. Insull, C.A. Dujovne, P.O. Kwiterovich, J.H. Zavoral, K. Graham, R.R. O'Connor, and D.A. Edelman. "Long-Term Blood Cholesterol-Lowering Effects of a Dietary Fiber Supplement." *American Journal of Preventive Medicine* 17, n. 1 (July 1999): 18-23.

Kris-Etherton, P.M., K.D. Hecker, and A.E. Binkoski. "Polyunsaturated Fatty Acids and the Cardiovascular Health." *Nutrition Review* 62, n. 11 (November 2004): 414-26.

Lee, Y.H., and R.E. Pratley. "The Evolving Role of Inflammation in Obesity and the Metabolic Syndrome." *Current Diabetes Report* 5, n.1 (February 2005): 70-75.

Lichtenstein, A.H., A.T. Erkkila, B. Lamarche, U.S. Schwab, S.M. Jalbert, and L.M. Ausman. "Influence of Hydrogenated Fat and Butter on CVD Risk Factors: Remnant-Like Particles, Glucose and Insulin, Blood Pressure and C-Reactive Protein." *Atherosclerosis* 171, n.1 (November 2003): 97-107.

Liu, S., J. Manson, M. Satmpfer, M. Holmes, F. Hu, S. Hankinson, and W. Willett. "Dietary Glycemic Load Assessed by Food-Frequency Questionnaire in Relation to Plasma High-Density-Lipoprotein Cholesterol and Fasting Plasma Triacylglycerols in Postmenopausal Women." *American Journal of Clinical Nutrition* 73, n. 3 (March 2001), 560-66.

Liu S., W.C. Willett, M.J. Stampfer, et al. "A Prospective Study of Dietary Glycemic Load, Carbohydrate Intake, and Risk of Coronary Heart Disease in U.S. Women." *American Journal of Clinical Nutrition* 71 (2001): 1455-61.

Lopez-Garcia, E., M.B. Schulze, J.B. Meigs, J.E. Manson, N. Rifai, M.J. Stampfer, W.C. Willet, and F.B. Hu. "Consumption of Trans Fatty Acids Is Related to Plasma Biomarkers of Inflammation and Endothelial Dysfunction." *Journal of Nutrition* 135, n. 3 (March 2005): 562-66.

Lopez-Garcia, E., M.B. Schulze, T.T. Fung, J.B. Meigs, N. Rifai, J.E. Manson, and F.B. Hu. "Major Dietary Patterns Are Related to Plasma Concentrations of Makers of Inflammation and Endothelial Dysfunction." *American Journal of Clinical Nutrition* 80, n. 4 (October 2004): 1029-35.

McKeown, N.M., J.B. Meigs, and S. Liu. "Carbohydrate Nutrition, Insulin Resistance, and the Prevalence of the Metabolic Syndrome in the Framingham Offspring Cohort." *Diabetes Care* 27 (2004): 538-46.

McKeown, N.M., J.B. Meigs, and S. Liu, P.W.Wilson, and P.F. Jacques. "Whole-Grain Intake Is Favorably Associated with Metabolic Risk Factors for Type 2 Diabetes and Cardiovascular Disease in the Framingham Offspring Study." *American Journal of Clinical Nutrition* 76, n. 2 (August 2002): 390-98.

Mozaffarian, D., T. Pischon, S. E. Hankinson, N. Rifai, K. Joshipura, W.C. Willett, and E.B. Rimm. "Dietary Intake of Trans Fatty Acids and Systemic Inflammation in Women." *American Journal of Clinical Nutrition* 79, n. 4 (April 2004): 606-12.

National Cholesterol Education Program. *Third Report of the Expert Panel on Detection, Evaluation and Treatment of High Blood Cholesterol in Adults (Adult Treatment Panel III)*. National Heart, Lung, and Blood Institute, National Institutes of Health: May 2001.

National Heart, Lung, and Blood Institute, National Institutes of Health.

National Institutes of Health, Office of Dietary Supplements.

Oh, K., F.B. Hu, J.E. Manson, M.J. Stampfer, and W.C. Willett. "Dietary Fat Intake and Risk of Coronary Heart Disease in Women: 20 Years of Follow-Up of the Nurses' Health Study." *American Journal of Epidemiology* 161, n. 7 (April 1, 2005): 672-79.

Pereira, M.A., E. O'Reilly, K. Augustsson, et al. "Dietary Fiber and Risk of Coronary Heart Disease: A Pooled Analysis of Cohort Studies." *Archives of Internal Medicine* 164 (2004): 370-76.

Pereira, M.A., J. Swain, A.B. Goldfine, N. Rifai, and D.S. Ludwig. "Effects of a Low-Glycemic Load Diet on Resting Energy Expenditure and Heart Disease Risk Factors During Weight Loss." *JAMA* 292, n. 20 (November 24, 2004): 2482-90.

Rimm, E.B., A. Ascherio, E. Giovannucci, D. Spiegelman, M.J. Stampfer, and W.C. Willett. "Vegetable, Fruit, and Cereal Fiber Intake and Risk of Coronary Heart Disease Among Men." *JAMA* 275 (1996): 447-51.

Schulze, M.B., S. Liu, E.B. Rimm, J.E. Manson, W.C. Willett, and F.B. Hu. "Glycemic Index, Glycemic Load, and Dietary Fiber Intake and Incidence of Type 2 Diabetes in Younger and Middle-Aged Women." *American Journal of Clinical Nutrition* 80 (2004): 348-56.

Tholstrup, T., and S. Samman. "Postprandial Lipoprotein(a) Is Affected Differently by Specific Individual Dietary Fatty Acids in Healthy Young Men." *Journal of Nutrition* 134, n. 10 (October 2004): 2550-55.

van Herpen-Broekmans, W.M., I.A. Klopping-Ketelaars, M.L. Bots, C. Kluft, H. Princen, H.F. Hendriks, L.B. Tijburg, G. van Poppel, and A.F. Kardinaal. "Serum Carotenoids and Vitamins in Relation to Makers of Endothelial Function and Inflammation." *European Journal of Epidemiology* 19, n. 10 (2004): 915-21.

Van Horn, L. "Fiber, Lipids, and Coronary Heart Disease. A Statement for Healthcare Professionals from the Nutrition Committee, American Heart Association." *Circulation* 95 (1997): 2701-4.

Wolf, A., J.E. Manson, M.J. Stampfer, et al. "Long-Term Intake of Dietary Fiber and Decreased Risk of Coronary Heart Disease Among Women." *JAMA* 281 (1999): 1998-2004.

Capítulo 4: Antioxidantes, Fitonutrientes e outros Nutrientes Redutores do Colesterol

Andersson, T.L., J. Matz, G.A. Ferns, and E.E. Anggard. "Vitamin E reverses Cholesterol-Induced Endothelial Dysfunction in the Rabbit Coronary Circulation." *Atherosclerosis* 111 (1994): 39-45.

Arai, Y., S. Watanabe, M. Kimira, K. Shimoi, R. Mochizuki, and N. Kinae. "Dietary Intakes of Flavonols, Flavones, and Isoflavones by Japanese Women and the Inverse Correlation Between Quercetin Intake and Plasma LDL Cholesterol Concentration." *Journal of Nutrition* 130, n. 9 (September 2000): 2243-50.

Auger, D., P.L. Teissedre, P. Gerain, N. Lequeux, A. Bornet, S. Serisier, P. Besancon, B. Caporiccio, J.P. Cristol, and J.M. Rouanet. "Dietary Wine Phenolics Catechin, Quercetin, and Resveratrol Efficiently Protect Hypercholesterolemic Hamsters Against Aortic Fatty Streak Accumulation." *Journal of Agriculture and Food Chemistry* 53, n. 6 (March 23, 2005): 2015-21.

Bok, S.H., S.Y. Park, Y.B. Park, M.K. Lee, S.M. Jeon, T.S. Jeong, and M.S. Choi. "Quercetin Dihydrate and Gallate Supplements Lower Plasma and Hepatic Lipids and Change Activities of Hepatic Antioxidant Enzymes in High Cholesterol-Fed Rats." *International Journal for Vitamin and Nutrition Research* 72, n. 3 (May 2002): 161-69.

Bordia, A., S. K. Verma, and K.C. Srivastava. "Effect of Garlic (*Allium Sativum)* on Blood Lipids, Blood Sugar, Fibrinogen and Fibrinolytic Activity in Patients with Coronary Artery Disease." *Prostaglandins Leukotrienes, and Essential Fatty Acids* 58, n. 4 (April 1998): 257-63.

Brown, L., E.B. Rimm, J.M. Seddon, E.L. Giovannucci, L. Chasan-Taber, D. Spiegelman, W.C. Willett, and S.E. Hankinson. "A Prospective Study of Carotenoid Intake and Risk of Cataract Extraction in U.S. Men." *American Journal of Clinical Nutrition* 70, n. 4 (October 1999): 517-24.

Centers of Disease Control and Prevention. *Centers for Disease Control and Prevention: Diabetes Surveillance Report, 1999*. Atlanta: U.S. Department of Health and Human Services, 1999.

Clifton, P.M., M. Noakes, D. Ross, A. Fassoulakis, M. Cehun, and P. Nestel. "High Dietary Intake of Phytosterol Esters Decreases Carotenoids and Increases Plasma Plant Sterol Levels with No Additional Cholesterol Lowering." *Journal of Lipid Research* 45, n. 8 (August 2004): 1493-99.

Colgan, H.A., S. Floyd, E.J. Noone, M.J. Gibney, and H.M. Roche. "Increased Intake of Fruit and Vegetables and a Low-Fat Diet, with and Without Low-Fat Plant Sterol-Enriched Spread Consumption: Effects on Plasma Lipoprotein and Carotenoid Metabolism." *Journal of Human Nutrition and Dietetics* 17, n. 6 (December 2004): 561-79; quiz 571-74.

Cooper, D. "Carotenoids in Health and Disease: Recent Scientific Evaluations, Research Recommendations and the

Consumer Supplement: Proceedings of Symposium to Honor the Memory of James Allen Olson." *Journal of Nutrition* 134 (January 2004): 221S-224S.

Exner, M., M. Hermann, R. Hofbauer, et al. "Genistein Prevents the Glucose Autooxidation Mediated Atherogenic Modification of Low Density Lipoprotein." *Free Radical Research* 34, n. 1 (January 2001): 101-12.

Ferri, N., Yokoyama, M. Sadilek, R. Paoletti, R. Apitz-Castro, M.H. Gelb, and A. Corsini. "Ajoene, a Garlic Compound, Inhibits Protein Prenylation and Arterial Smooth Muscle Cell Proliferation." *British Journal of Pharmacology* 138, n. 5 (March 2003): 811-18.

Grundy, S.M., I.J. Benjamin, G.L. Burke, et al. "Diabetes and Cardiovascular Disease: A Statement for Healthcare Professionals from the American Heart Association." *Circulation* 100 (1999): 1134-46.

Haffner, S.M., S. Letho, T. Ronnemaa, K. Pyorala, and M. Laakso. "Mortality from Coronary Heart Disease in Subjects with Type 2 Diabetes and in Nondiabetic Subjects with and Without Prior Myocardial Infarction." *New England Journal of Medicine* 339 (1998): 229-34.

Heber, D. "Vegetables, Fruits and Phytoestrogens in the Prevention of Diseases." *Journal of Postgraduate Medicine* 50, n. 2 (April-June 2004): 145-49.

Heber, D., and S. Bowerman. "Applying Science to Changing Dietary Patterns." *Journal of Nutrition* 131 (November 2001): 3078S-3081S.

Hertog, M.G., E.J. Feskens, P.C. Hollman, M.B. Katan, and D. Kromhout. "Dietary Antioxidant Flavonoids and Risk of Coronary Heart Disease: The Zutphen Elderly Study." *Lancet* 342, n. 8878 (October 23, 1993): 1007-11.

Jeon, S.M., Y.B. Park, and M.S. Choi. "Antihypercholesterolemic Property of Naringin Alters Plasma and Tissue Lipids, Cholesterol-Regulating Enzymes, Fecal Sterol and

Tissue Morphology in Rabbits." *Clinical Nutrition* 23, n. 5 (October 2004): 1025-34.

Kamada, C., E.L. da Silva, M. Ohnishi-Kameyama, J.H. Moon, and J.Terao. "Attenuation of Lipid Peroxidation and Hyperlipidemia by Quercetin Glucoside in the Aorta of High Cholesterol-Fed Rabbit." *Free Radical Research* 39, n. 2 (February 2005): 185-94.

Kamal-Eldin, A., J. Frank, A. Razdan, S. Tengblad, S. Basu, and B. Vessby. "Effects of Dietary Phenolic Compounds on Tocopherol, Cholesterol, and Fatty Acids in Rats." *Lipids* 35, n. 4 (April 2000): 427-35.

Kim, H.J., G.T. Oh, Y.B. Park, M.K. Lee, H.J. Seo, and M.S. Choi. "Naringin Alters the Cholesterol Biosynthesis and Antioxidant Enzyme Activities in LDL Receptor-Knockout Mice Under Cholesterol Fed Condition." *Life Science*, n. 13 (February 13, 2004): 1621-34.

Knekt, P., Kumpulainen, R. Jarvinen, H. Rissanen, M. Heliovaara, A. Reunanen, T. Hakulinen, and A. Aromaa. "Flavonoid Intake and Risk of Chronic Diseases." *American Journal of Clinical Nutrition* 76, n. 3 (September 2002): 560-68.

Knekt, P., J. Ritz, M.A. Pereira, E. J. O'Reilly, K. Augustsson, G.E. Fraser, U. Goldbourt, B.L. Heitmann, G. Hallmans, S. Liu, P. Pietinen, D. Spiegelmen, J. Stevens, J. Virtamo, W.C. Willett, E.B. Rimm, and A. Ascherio. "Antioxidant Vitamins and Coronary Heart Disease Risk: A Pooled Analysis of 9 Cohorts." *American Journal of Clinical Nutrition* 80, n. 6 (December 2004): 1508-20.

Krombhout, D. "Fatty Acids, Antioxidants, and Coronary Heart Disease from an Epidemiological Perspective." *Lipids* Supplement 34 (1999): S27-31.

Kurowska, E. M., and J.A. Manthey. "Hypolipidemic Effects and Absorption of Citrus Polymethoxylated Flavones in Hamsters with Diet-Induced Hypercholesterolemia." *Journal of Agriculture and Food Chemistry* 52, n. 10 (May 19, 2004): 2879-86.

Lissin, L.W., and J.P. Cooke. "Phytoestrogens and Cardiovascular Health." *Journal of the American College of Cardiology* 35, n. 6 (May 2000): 1403-10.

Liu, R.H. "Health Benefits of Fruits and Vegetables Are from Additive and Synergistic Combination of Phytochemicals." *American Journal of Clinical Nutrition* 78 (2003): 517S-520S.

Liu, S., W.C. Willett, M.J. Stampfer, et al. "A Prospective Study of Dietary Glycemic Load, Carbohydrate Intake and Risk of Coronary Heart Disease in U.S. Women." *American Journal of Clinical Nutrition* 71 (2000): 1455-61.

Manson, J.E., J.M. Gaziano, A. Spelsberg, et al. "A Secondary Prevention Trial of Antioxidant Vitamins and Cardiovascular Disease in Women. Rationale, Design, and Methods. The WACS Research Group." *Annals of Epidemiology* 5 (1995): 261-69.

Maron, D.J. "Flavonoids for Reduction of Atherosclerotic Risk." *Current Atherosclerosis* Report 6, n. 1 (January 2004): 73-78.

McDermott, J.H. "Antioxidant Nutrients: Current Dietary Recommendations and Research Update." *Journal of the American Pharmacology Association (Wash)* 40, n. 6 (November-December 2000): 785-99.

Miura, D., Y. Miura, and K. Yagasaki. "Hypolipidemic Action of Dietary Resveratrol, a Phytoalexin in Grapes and Red Wine, in Hepatoma-Bearing Rats." *Life Science* 73, n. 11 (August 1, 2003): 1393-400.

Miwa, Y., M. Yamada, T. Sunayama, H. Mitsuzumi, Y. Tsuzaki, H. Chaen, Y. Mishima, and M. Kibata. "Effects of Glucosyl Hesperidin on Serum Lipids in Hyperlipidemic Subjects: Preferential Reduction in Elevated Serum Triglyceride Level." *Journal of Nutritional Science and Vitaminology (Tokyo)* 50, n. 3 (June 2004): 211-18.

National Institute on Aging Age Page. "Life Extension: Science or Science Fiction?" U.S. Department of Health and Human Services, Public Health Service, National Institutes of Health.

NCI, 5-a-Day Website, "Glossary of Phytochemicals." 5aday. gov.

NIA Research Goal B: Understand Healthy Aging Processes Subgoal 1: Unlock the Secrets of Aging, Health, and Longevity.

Osganian, S.K., M.J. Satmpfer, E. Rimm, D. Spiegelman, J.E. Manson, and W.C. Willett. "Dietary Carotenoids and Risk of Coronary Artery Disease in Women." *American Journal of Clinical Nutrition* 77, n. 6 (June 2003): 1390-99.

Ou, C.C., S.M. Tsao, M.C. Lin, and M.C. Yin. "Protective Action on Human LDL Against Oxidation and Glycation by Four Organosulfur Compounds Derived from Garlic." *Lipids* 38, n. 3 (March 2003): 219-24.

Rao, A.V. "Lycopene, Tomatoes, and the Prevention of Coronary Heart Disease." *Experimental Biology and Medicine (Maywood)* 227, n. 10 (November 2002): 908-13.

Reed, J. "Cranberry Flavonoids, Atherosclerosis and Cardiovascular Health." *Critical Reviews of Food Science and Nutrition* Supplement 42, n. 3 (2002): 301-16.

Ribaya-Mercado, J.D., and J.B. Blumberg. "Lutein and Zeaxanthin and Their Portential Roles in Disease Prevention." *Journal of the American College of Nutrition* Supplement 23, n. 6 (December 2004): 567S-587S.

Rimm, E.B., and M.J. Stampfer. "Antioxidants for Vascular Disease." *Medical Clinics of North America* 84 (2000): 239-49.

Rimm, E.B., M.J. Stampfer, A. Ascherio, E. Giovannucci, G.A. Colditz, and W.C. Willett. "Vitamin E Consumption and the Risk of Coronary Heart Disease in Men." *New England Journal of Medicine* 328 (1993): 1450-56.

Rissanen, T., S. Voutilainen, K. Nyyssonen, and J.T. Salonen. "Lycopene, Atherosclerosis, and Coronary Heart Disease." *Experimental Biology and Medicine (Maywood)* 227, n. 10 (November 2002): 900-907.

Rissanen, T.H., S. Voutilainen, K. Nyyssonen, R. Salonen, G.A. Kaplan, and J.T. Salonen. "Serum Lycopene Concentrations and Carotid Atherosclerosis: The Kuopio Ischaemic Heart Disease Risk Factor Study." *American Journal of Clinical Nutrition* 77, n. 1 (January 2003):133-8.

Sanchez-Moreno, C., G. Cao, B. Ou, and R.L. Prior. "Anthocyanin and Proanthocyanidin Content in Selected White and Red Wines. Oxygen Radical Absorbance Capacity Comparison with Nontraditional Wines Obtained from Highbush Blueberry." *Journal of Agriculture and Food Chemistry* 51, n. 17 (August 13, 2003): 4889-96.

Spence, J.D., V.J. Howard, L.E. Chambless, et al. "Vitamin Intervention for Stroke Prevention (VISP) Trial: Rationale and Design." *Neuroepidemiology* 20 (2001): 16-25.

Stampfer, M.J., C.H. Hennekens, J.E. Manson, G.A. Colditz, B. Rosner, and W.C. Willett. "Vitamin E Consumption and the Risk of Coronary Disease in Women." *New England Journal of Medicine* 328 (1993): 1444-49.

Tijburg, L.B.M., T. Mattern, J.D. Folts, U.M. Weisgerber, and M.B. Katan. "Tea Flavonoids and Cardiovascular Diseases: A Review." *Critical Revew of Food Science and Nutrition* 37 (1997): 771-85.

Ting, H.H., F.K. Timimi, K.S. Boles, S.J. Creager, P. Ganz, and M.A. Creager. "Vitamin C Improves Endothelium-Dependent Vasodilation in Patients with Non-Insulin-Dependent Diabetes Mellitus." *Journal of Clinical Investigation* 97 (1996): 22-28.

United States Department of Agriculture, Agricultural Research Service. *Food and Nutrient Intakes by Individuals in the United States, by Sex and Age, 1994-1996*. Nationwide Food Surveys Report n. 96-2. Washington, D.C.: USDA, 1998.

van der Schouw, Y.T., L. Sampson, W.C. Willett, and E.B. Rimm. "The Usual Intake of Lignans but Not That of Isoflavones May Be Related to Cardiovascular Risk Factors in U.S. Men." *Journal of Nutrition* 135, n. 2 (February 2005): 260-66.

Vaskonen, T. "Dietary Minerals and Modification of Cardiovascular Risk Factors." *Journal of Nutritional Biochemistry* 14, n. 9 (September 2003): 492-506.

Vinson, J.A., and J. Jang. "In Vitro and In Vivo Lipoprotein Antioxidant Effect of a Citrus Extract and Ascorbic Acid on Normal and Hypercholesterolemic Human Subjects." *Journal of Medicinal Food* 4, n. 4 (Winter 2001): 187-92.

Wan, Y., J.A. Vinson, T.D. Etherton, J. Proch, S.A. Lazarus, and P.M. Kris-Etherton. "Effects of Cocoa Powder and Dark Chocolate on LDL Oxidative Susceptibility and Prostaglandin Concentrations in Humans." *American Journal of Clinical Nutrition* 74, n. 5 (November 2001): 596-602.

Weisburger, J.H. "Chemopreventive Effects of Cocoa Polyphenols on Chronic Diseases." *Experimental Biology and Medicine (Maywood)* 226, n. 10 (November 2001): 891-97.

Whitman, S.C., E.M. Kurowska, J.A. Manthey, and A. Daugherty. "Nobiletin, a Citrus Flavonoid Isolated from Tangerines, Selectively Inhibits Class A Scavenger Receptor-Mediated Metabolism of Acetylated LDL by Mouse Macrophages." *Atherosclerosis* 178, n. 1 (January 2005): 25-32.

Woodman, O.L., and E.C. Chan. "Vascular and Anti-Oxidant Actins of Flavonols and Flavones." *Clinical and Experimental Pharmacology and Physiology* 31, n. 11 (November 2004): 786-90.

Wu, X., G. Beecher, J. Holden, D. Haytowitz, S. Gebhardt, and R. Prior. "Lipophilic and Hydrophilic Antioxident Capacities of Common Foods in the United States." *Journal of Agricultural and Food Chemistry* 52 (2004): 4026-37.

Yao, L.H., Y.M. Jiang, J. Shi, F.A. Tomas-Barberan, N. Datta, R. Singanusong, and S.S. Chen. "Flavonoids in Food and Their Health Benefits." *Plant Foods for Human Nutrition* 59, n. 3 (Summer 2004): 113-22.

Yusuf, S., G. Dagenais, J. Pogue, J. Bosch, and P. Sleight. "Vitamin E Supplementation and Cardiovascular Events in High-Risk Patients. The Heart Outcomes Prevention Evaluation Study Investigators." *New England Journal of Medicine* 342 (2000): 154-60.

Capítulo 5: Alimentos Redutores do Colesterol

Adom, K.K., and R.H. Liu. "Antioxidant Activity of Grains." *Journal of Agriculture and Food Chemistry* 50 (2002): 6182-87.

Adom, K.K., M.E. Sorrells, and R.H. Liu. "Phytochemicals and Antioxidant Activity of Wheat Varieties." *Journal of Agriculture and Food Chemistry* 51 (2003):7825-34.

Ali, A.A., M.T. Velasquez, C.T. Hansen, A.I. Mohamed, and S.J. Bhathena. "Effects of Soybean Isoflavones, Probiotics, and Their Interactions on Lipid Metabolism and Endocrine System in an Animal Model of Obesity and Diabetes." *Journal of Nutritional and Biochemistry* 15, n. 10 (October 2004): 583-90.

The Alpha-Tocopherol, Beta Carotene Cancer Prevention Study Group. "The Effect of Vitamin E and β-Carotene on the Incidence of Lung Cancer and Other Cancers in Male Smokers." *New England Journal of Medicine* 330 (1994): 1029-35.

Andrikopoulos, N.K., A.C. Kaliora, A.N. Assimopoulou, and V.P. Papageorgiou. "Inhibitory Activity of Minor Polyphenolic and Non-polyphenolic Constituents of Olive Oil Against in Vitro Low-Density Lipoprotein Oxidation." *Journal of Medicinal Food* 5, n. 1 (Spring 2002): 1-7.

Appel, L.J., T.J. Moore, E. Obarzanek, et al. "A Clinical Trial of the Effects of Dietary Patterns on Blood Pressure. DASH Collaborative Research Group." *New England Journal of Medicine* 336 (1997): 1117-24.

Auger, C., P.L. Teissedre, P. Gerain, N. Lequeux, A. Bornet, S. Serisier, P. Besancon, B. Caporiccio, J.P. Cristol, and J.M. Rouanet. "Dietary Wine Phenolics Catechin, Quercetin, and Resveratrol Efficiently Protect Hypercholesterolemic Hamsters Against Aortic Fatty Streak Accumulation." *Journal of Agriculture and Food Chemistry* 53, n. 6 (March 23, 2005): 2015-21.

Aviram, M., M. Rosenblat, D. Gaitini, S. Nitecki, A. Hoffman, L. Dornfeld, N. Volkova, D. Presser, J. Attias, H. Liker, and T. Hayek. "Pomegranate Juice Consumption for 3 Years by Patients with Carotid Artery Stenosis Reduces Common Carotid Intima-Media Thickness, Blood Pressure and LDL Oxidation." *Clinical Nutrition* 23, n. 3 (June 2004): 423-33.

Behall, K.M., D.J. Scholfield, and J. Hallfrisch. "Diets Containing Barley Significantly Reduce Lipids in Mildly Hypercholesterolemic Men and Women." *American Journal of Clinical Nutrition* 80, n. 5 (November 2004): 1185-93.

Bloedon, L.T., and P.O. Szapary. "Faxseed and Cardiovascular Risk." *Nutrition Review* 62, n. 1 (January 2004): 18-27.

Blot, W.J., J.Y. Li, P.R. Taylor, W. Guo, S. Dawsey, G.Q. Wang, C.S. Yang, S.F. Zheng, M. Gail, et al. "Nutrition Intervention Trials in Linxian, China: Supplementation with Specific Vitamin/Mineral Combinations, Cancer Incidence, and Disease-Specific Mortality in the General Population." *Journal of the National Cancer Institute* 85 (1993): 1483-92.

Bruce, B., G.A. Spiller, L.M. Klevay, and S.K. Gallagher. "A Diet High in Whole and Unrefined Foods Favorably Alters Lipids, Antioxidant Defenses, and Colon Function." *Journal of the American College of Nutrition* 19, n. 1 (February 2000): 61-67.

Colgan, H.A., S. Floyd, E.J. Noone, M.J. Gibney, and H.M. Roche. "Increased Intake of Fruit and Vegetables and a Low-Fat Diet, with and Without Low-Fat Plant Sterol-Enriched Spread Consumption: Effects on Plasma Lipoprotein and

Carotenoid Metabolism." *Journal of Human Nutrition and Dietetics* 17, n. 6 (December 2004): 561-69; quiz 571-74.

Czerwinski, J., E. Bartnikowska, H. Leontowicz, E. Lange, M. Leontowicz, E. Katrich, S. Trakhtenberg, and S. Gorinstein. "Oat (*Avena Sativa L.*) and Amaranth (*Amaranthus Hypochondriacus*) Meals Positively Affect Plasma Lipid Profile in Rats Fed Cholesterol-Containing Diets." *Journal of Nutritional Biochemistry* 15, n. 10 (October 2004): 622-29.

Djousse, L., D.K. Arnett, H. Coon, M.A. Province, L.L. Moore, and R.C. Ellison. "Fruit and Vegetable Consumption and LDL Cholesterol: The National Heart, Lung, and Blood Institute Family Heart Study." *American Journal of Clinical Nutrition* 79 (2004):213-17.

Eberhardt, M.V., C.Y. Lee, and R.H. Liu. "Antioxidant Activity of Fresh Apples." *Nature* 405 (2000): 903-4.

Engelman, H.M., D.L. Alekel, L.N. Hanson, A.G. Kanthasamy, and M.B. Reddy. "Blood Lipid and Oxidative Stress Responses to Soy Protein with Isoflavones and Phytic Acid in Postmenopausal Women." *American Journal of Clinical Nutrition* 81, n. 3 (March 2005): 590-96.

Erba, D., P. Riso, A. Bordoni, P. Foti, P.L. Biagi, and G. Testolin. "Effectiveness of Moderate Green Tea Consumption on Antioxidative Status and Plasma Lipid Profile in Humans." *Journal of Nutritional Biochemistry* 16, n. 3 (March 2005): 144-49.

Erdmam, J., for the AHA Nutrition Committee. "Soy Protein and Cardiovascular Disease: A Statement for Healthcare Professionals from the Nutrition Committee of the AHA." *Circulation* 102 (2000): 2555.

Gebhardt, R. "Inhibition of Cholesterol Biosynthesis in Primary Cultured Rat Hepatocytes by Artichoke (*Cynara Scolymus L.*) Extracts." *Journal of Pharmacology and Experimental Therapeutics* 286, n. 3 (September 1998): 1122-28.

Greenberg, E.R., J.A. Baron, T.A. Stuckel, M.M. Stevens, and J.S. Mandel. "A Clinical Trial of β-Carotene to Prevent Basal Cell and Squamous Cell Cancers of the Skin." *New England Journal of Medicine* 323 (1990): 789-95.

Heber, D. "Vegetables, Fruits and Phytoestrogens in the Prevention of Diseases." *Journal of Postgraduate Medicine* 50 (2004): 145-49.

Hennekens, C.H., J.E. Buring, J.E. Manson, M. Stampfer, and B. Rosner. "Lack of Effect of Long-Term Supplementation with β-Carotene on the Incidence of Malignant Neoplasms and Cardiovascular Disease." *New England Journal of Medicine* 334 (1996): 1145-49.

Hung, H.C., K.J. Joshipura, R. Jiang, et al. "Fruit and Vegetable Intake and Risk of Major Chronic Disease." *Journal of the National Cancer Institute* 96 (2004): 1577-84.

Jacobs, D., and L. Steffen. "Nutrients, Foods and Dietary Patterns as Exposures in Research: A Framework for Food Synergy." *American Journal of Clinical Nutrition* Supplement 78, n. 3 (September 2003): 508S-513S.

Jambazian, P.R., E. Haddad, S. Rajaram, J. Tanzman, and J. Sabate. "Almonds in the Diet Simultaneously Improve Plasma Alpha-Tocopherol Concentrations and Reduce Plasma Lipids." *Journal of the American Dietetic Association* 105, n. 3 (March 2005): 449-54.

Jenkins, D.J., C.W. Kendall, A. Marchie, T.L. Parker, P.W. Connelly, W. Qian, J.S. Haight, D. Faulkner, E. Vidgen, K.G. Lapsley, and G.A. Spiller. "Dose Response of Almonds on Coronary Heart Disease Risk Factors: Blood Lipids, Oxidized Low-Density Lipoproteins, Lipoprotein (a), Homocysteine, and Pulmonary Nitric Oxide: A Randomized, Controlled, Crossover Trial." *Circulation* 106, n. 11 (September 10, 2002): 1327-32.

Lewis, N., and J. Ruud. "Apples in the American Diet." *Nutrition and Clinical Care* 7, n. 2 (April-June 2004): 82-88.

Li, S.Q., and Q.H. Zhang. "Advances in the Development of Functional Foods from Buckwheat." *Critical Review of Food Science and Nutrition* 41, n. 6 (September 2001): 451-64.

Liu, R.H. "Health Benefits of Fruits and Vegetables Are from Additive and Synergistic Combination of Phytochemicals." *American Journal of Clinical Nutrition* 78 (2003): 517S-520-S.

McKeown, N.M., J.B. Meigs, S. Liu, P.W. Wilson, and P.F. Jacques. "Whole-Grain Intake Is Favorably Associated with Metabolic Risk Factors for Type 2 Diabetes and Cardiovascular Disease in the Framingham Offspring Study." *American Journal of Clinical Nutrition* 76 (2002): 390-98.

Nicolle, C., N. Cardinault, O. Aprikian, J. Busserolles, P. Grolier, E. Rock, C. Demigne, A. Mazur, A. Scalbert, P. Amouroux, and C. Remesy. "Effect of Carrot Intake on Cholesterol Metabolism and on Antioxidant Sattus in Cholesterol-Fed Rat." *European Journal of Nutrition* 42, n. 5 (October 2003): 254-61.

Ommen, G.S., G.E. Goodman, M.D. Thomquist, J. Barnes, and M.R. Cullen. "Effects of a Combination of β-Carotene and Vitamin A on Lung Cancer and Cardiovascular Disease." *New England Journal of Medicine* 334 (1996): 1150-55.

Prasad, K. "Hypocholesterolemic and Antiatherosclerotic Effect of Flax Lignan Complex Isolated from Flaxseed." *Atherosclerosis* 179, n. 2 (April 2005): 269-75.

Rao, A.V. "Lycopene, Tomatoes, and the Prevention of Coronary Heart Disease." *Experimental Biology and Medicine (Maywood)* 227, n. 10 (November 2002): 908-13.

Reed, J. "Cranberry Flavonoids, Atherosclerosis and Cardiovascular Health." *Ceitical Review of Food Science and Nutrition* Supplement 42, n. 3 (2002): 301-16.

Rimm, E.B., A. Ascherio, E. Giovannucci, D. Spiegelman, M.J. Stampfer, and W.C. Willett. "Vegetable, Fruit, and Cereal Fiber Intake and Risk of Coronary Heart Disease Among Men." JAMA 275 (1996): 447-51.

Salonen, J.T., K. Nyyssonen, R. Salonen, H.M. Lakka, J. Kaikkonen, E. Porkkala-Sarataho, S. Voutilainen, T.A. Lakka, and T. Rissanen, et al. "Antioxidant Supplementation in Atherosclerosis Prevention (ASAP) Study: A Randomized Trial of the Effect of Vitamins E and C on 3-Year Progression of Carotid Atherosclerosis." *Journal of Internal Medicine* 248 (2000): 377-86.

Slavin, J. "Why Whole Grains Are Protective: Biological Mechanisms." *Proceedings of the Nutrition Society* 62, n. 1 (February 2003): 129-34.

Stein, J.H., J.G. Keevil, D.A. Wiebe, S. Aeschlimann, and J.D. Folts. "Purple Grape Juice Improves Endothelial Function and Reduces the Susceptibility of LDL Cholesterol to Oxidation in Patients with Coronary Artery Disease." *Circulation* 100, n. 10 (September 7, 1999): 1050-55.

Stephens, N.G., A. Parsons, P.M. Schofield, F. Kelly, K. Cheeseman, and M.J. Mitchinson. "Randomized Controlled Tral of Vitamin E in Patients with Coronary Disease: Cambridge Heart Antioxidant Study (CHAOS)." *Lancet* 347 (1996): 781-86.

Tapsell, L.C., L.J. Gillen, C.S. Patch, M. Batterham, A. Owen, M. Bare, and M. Kennedy. "Including Walnuts in a Low-Fat/Modified-Fat Diet Improves HDL Cholesterol-to-Total Cholesterol Ratios in Patients with Type 2 Diabetes." *Diabetes Care* 27, n. 12 (December 2004): 2777-83.

Weisburger, J.H. "Chemopreventive Effects of Cocoa Polyphenols on Chronic Diseases." *Experimental Biology and Medicine (Maywood)* 226, n. 10 (November 2001): 891-97.

Yeh, Y.Y., and L. Liu. "Cholesterol-Lowering Effect of Garlic Extracts and Organosulfur Compounds: Human and Animal Studies." *Journal of Nutrition* 131, n. 3S (March 2001): 989S-993S.

Yusuf, S., G. Dagenais, J. Pogue, J. Bosch, and P. Sleight. "Vitamin E Supplementation and Cardiovascular Events in High-Risk

Patients. The Heart Outcomes Prevention Evaluation Study Investigators." *New England Journal of Medicine* 342 (2000): 154-60.

Zhan, S. and S.C. Ho. "Meta-Analysis of the Effects of Soy Protein Containing Isoflavones on the Lipid Profile." *American Journal of Clinical Nutrition* 81, n. 2 (February 2005): 397-408.

Capítulo 6: Ervas e Especiarias que Curam

Aggarwal, B.B., and S. Shishodia. "Suppression of the Nuclear Factor-k B Activation Pathway by Spice-Derived Phytochemicals: Reasoning for Seasoning." *Annals of the New York Academy of Science* 1030 (December 2004): 434-41.

Ali, B.H., and G. Blunden. "Pharmacological and Toxicological Properties of *Nigella Sativa*." *Phytotherapy Research* 17, n. 4 (April 2003): 299-305.

al-Sereiti, M.R., K.M. Abu-Amer, and P. Sen. "Pharmacology of Rosemary (*Rosmarinus Officinalis Linn.*) and Its Therapeutic Potentials." *Indian Journal of Experimental Biology* 37, n. 2 (February 1999): 124-30.

American Spice Trade Association.

Anderson, R.A., C.L. Broadhurst, M.M. Polansky, W.F. Schmidt, A. Khan, V.P. Flanagan, N.W. Schoene, and D.J. Graves. "Isolation and Characterization of Polyphenol Type-A Polymers from Cinamon with Insulin-Like Biological Activity." *Journal of Agriculture and Food Chemistry* 52, n. 1 (January 14, 2004): 65-70.

Arcila-Lozano, C.C., G. Loarca-Pina, S. Lecona-Uribe, and E. Gonzales Mejia. "Oregano: Properties, Composition and Biological Activity." *Archives of Latinoamerican Nutrition* 54, n. 1 (March 2004): 100-111.

Bordia, A., S. K. Verma, and K. C. Srivastava. "Effect of Ginger (*Zingiber Officinale Rosc.*) and Fenugreek (*Trigonella Foenunmgraecum L.*) on Blood Lipids, Blood Sugar and

Platelet Aggregation in Patients with Coronary Artery Disease." *Prostaglandins, Leukotrienes, and Essential Fatty Acids* 56, n. 5 (May 1997): 379-84.

Broadhurst, C.L., M.M. Polansky, and R.A. Anderson. "Insulin-Like Biological Activity of Culinary and Medicinal Plant Aqueous Extracts in Vitro." *Journal of Agriculture and Food Chemistry* 48, n. 3 (March 2000): 849-52.

Choi, E.M., and J.K. Hwang. "Antiinflammatory, Analgesic and Antioxidant Activities of the Fruit of *Foeniculum Vulgare*." *Fitoterapia* 75, n. 6 (September 2004): 557-65.

Cook, N.C., and S. Samman. "Flavonoids – Chemistry, Metabolism, Cardioprotective Effects, and Dietary Sources." *Journal of Nutritional Biochemistry* 7 (1996): 66-76.

Dhandapani, S., V.R. Subramanian, S. Rajagopal, and N. Namasivayam. "Hypolipidemic Effect of *Cuminum Cyminum L.* on Alloxan-Induced Diabetic Rats." *Pharmacology Research* 46, n. 3 (September 2002): 251-55.

Elson, C.E. "Suppression of Mevalonate Pathway Activities by Dietary Isoprenoids: Protective Roles in Cancer and Cardiovascular Disease." *Journal of Nutrition* 125 (1995): 1666S-1672S.

Fuhrman, B., M. Rosenblat, T. Hayek, R. Coleman, and M. Aviram. "Ginger Extract Consumption Reduces Plasma Cholesterol, Inhibits LDL Oxidation and Attenuates Development of Atherosclerosis in Atherosclerotic, Apolipoprotein E-Deficient Mice." *Journal of Nutrition* 130, n. 5 (May 2000): 1124-31.

Guh, J.H., F.N. Ko, T.T. Jong, and C.M. Teng. "Antiplatelet Effect of Gingerol Isolated from *Zingiber Officinale*." *Journal of Pharmacy and Pharmacology* 47, n. 4 (April 1995): 329-32.

Lal, A.A., T. Kumar, P.B. Murthy, and K.S. Pillai. "Hypolipidemic Effect of *Coriandrum Sativum L.* in Triton-Induced Hyperlipidemic Rats." *Indian Journal of Experimental Biology* 42, n. 9 (September 2004): 909-12.

Manach, C., F. Regerat, O. Texier, et al. "Bioavailability, Metabolism and Physiological Impact of 4-Oxo-Flavonoids." *Nutritional Research* 16 (1996): 517-44.

McCarty, M.F. "Nutraceutical Resources for Diabetes Prevention – an Update." *Med Hypotheses* 64, n. 1 (2005): 151-58.

Nakatani, N. "Chemistry of Antioxidants from Labiatae Herbs." In *Food Phytochemicals for Cancer Prevention II. Teas Spices and Herbs*, eds. M.T. Huang, T. Osawa, C.T. Ho, and R.T. Rosen. Washington, D.C.: American Chemical Society, 1994, 144-53.

Ochiai, T., S. Ohno, S. Soeda, H. Tanaka, Y. Shoyama, and H. Shimeno. "Crocin Prevents the Death of Rat Pheochromyctoma (PC-12) Cells by Its Antioxidant Effects Stronger than Those of Alpha-Tocopherol." *Neuroscience Letters* 362, n. 1 (May 13, 2004): 61-64.

Pearce, B.C., R.A. Parker, M.E. Deason, A.A. Qureshi, and J.J. Wright. "Hypocholesterolemic Activity of Synthetic and Natural Tocotrienols." *Journal of Medical Chemistry* 35 (1992): 3595-606.

Sacchetti, G., A. Medici, S. Maietti, M. Radice, M. Muzzoli, S. Manfredini, E. Braccioli, and R. Bruni. "Composition and Functional Properties of the Essential Oil of Amazonian Basil, *Ocimum Micranthum Willd.*, *Labiatae* in Comparison with Commercial Essential Oils." *Journal of Agriculture and Food Chemistry* 52, n. 11 (June 2, 2004): 3486-91.

USDA-ARS-NGRL. "Phytochemical Database." Beltsville Maryland: Beltsville Agricultural Research Center.

Verma, S.K. and A. Bordia. "Antioxidant Property of Saffron in Man." *Indian Journal of Medical Science* 52, n. 5 (May 1998): 205-7.

Yazdanparast, R., and M. Alavi. "Antihyperlipidaemic and Antihypercholesterolaemic Effects of *Anethum Graveolens* Leaves After the Removal of Furocoumarins." *Cytobios* 105, n. 410 (2001): 185-91.

ÍNDICE

Os números de página em

negrito

referem-se às receitas.

CTP • Impressão • Acabamento
Com arquivos fornecidos pelo Editor

EDITORA e GRÁFICA
VIDA & CONSCIÊNCIA

R. Agostinho Gomes, 2312 - Ipiranga - SP
Fone/fax: (11) 2061-2739 / 2061-2670
e-mail:grafica@vidaeconsciencia.com.br
site:www.vidaeconsciencia.com.br